U0362571

CRITICAL LIVES

OCTAVIO

[英] 尼克·凯斯特 著

徐立钱 译

帕斯

PAZ

北京大学出版社
PEKING UNIVERSITY PRESS

目　录

001　引　言

007　第一章　　发现一种声音，1914—1937

031　第二章　　选择一种立场，1937—1943

055　第三章　　新的启程，1943—1953

083　第四章　　向外拓展，1953—1969

109　第五章　　把一切带回家，1969—1990

131　第六章　　燃尽火焰，1990—1998

143　注　释

155　部分参考书目

七十岁时的奥克塔维奥·帕斯，摄于英国。

引　言

　　诗人、散文家奥克塔维奥·帕斯出生于 1914 年，适逢他曾称之为笼罩在他头上的"两颗黑暗的姊妹星"：墨西哥国内革命引发的暴力此起彼伏；欧洲正经历着爆发于同年年底的第一次世界大战的浩劫。在其所有的作品中，帕斯通过对自我人生道路的探索寻求着诗意的表达，同时也在试图界定自己的身份，并以此作为对这段充满破坏与恐惧的历史的回应。与他几乎同时代的阿根廷作家豪尔赫·路易斯·博尔赫斯认为拉丁美洲远离欧洲以及它的传统，让他可以自由地与这些传统展开对话而不会受到其民族性的限制。然而对于帕斯来说，墨西哥远离欧洲的现实对他的影响十分深刻。墨西哥人讲的是西班牙语，并且继承了西班牙的文学和思想，但是这种继承发生在一个完全不同的语境中。他们还不得不与另一个截然不同的历史进程展开抗争，并做出适当的回应。正如 1950 年出版的《孤独的迷宫》(*El laberinto de la soledad*) 和 1980 年代以来写作的《修女胡安娜或信仰的陷阱》(*Sor Juana Inés de la Cruz o las trampas de la fe*) 等散文作品以及许多最雄辩的诗作所体现的那样，帕斯的许多文学创作是对这种分裂的墨西哥身份的尝试性界定。除此之外，他的其他诗作则是他对自己在这种复杂传统中的位置的探求。随着年龄的增长，他越来越致力于将语言从人们日常已经接受的意义中解放出来，以便创造出新的事物。

　　这种创新的努力并非孤芳自赏。他赞同雪莱关于诗人是"人类未经承认的立法者"的观点，并始终坚信诗歌创作是一项极为严肃的事业。1997 年，他参加了墨西哥城举办的奥克塔维奥·帕斯基金会的开幕式，这是他最后一次在公众场合露面。开幕式期间，他跟墨西哥总统讲了许多类似的肯定诗歌创作价值的话。在精神上，他和法国超现实主义运动的领导者安德烈·布勒东（André Breton）的联系最为紧密。两人都坚信文学是一种道德探险，这种探险因为历史上发生的种种恐怖事件而显得更加重要。同时他们还认为，在这种探险中，行动和表达的真实性对于重新恢复人类的自由来说至关重要。

　　帕斯对个人和民族身份定义的探索也与博尔赫斯截然不同。这位阿根廷作家认为身份总是在不断变化，几乎无法界定。但是，对于帕斯来说，这正表明有一系列面具需要被抛弃，以便让隐藏其后的真理得以显现。他的一生不得不与自己所继承的两种传统进行抗争。其一来自他父辈的巨大影响：他身份中那些极其复杂的墨西哥元素。其二则是来自他身边的女性方面的欧洲元素：他的母亲和首任妻子埃琳娜·伽罗（Elena Garro）都是第一代西班牙裔墨西哥人，而他的第二任妻子玛丽·何塞·特拉米妮则是法国人。他在《孤独的迷宫》中对历史上墨西哥遭受的来自西班牙的"强暴"着墨甚多，但与此相反，在他自己的家庭里，让西班牙女性忍辱负重并遭受所有苦难的却是粗暴的墨西哥男性。

　　除了自己家庭的身份之外，帕斯还经常试图界定并修正他对墨西哥以及墨西哥在世界上位置的思考。在他年轻时，革命的结果尚未确定：他和许多其他人都认为墨西哥可以在革命的道路上走得更远，并且建立一个新的在某种方式上以苏联为参照的"社会主义"社会。但是随着1930年代来临，事实越来越明显，墨西哥走的是另一条道路。革命制度党（Partido Revolucionario Institucional）的创建与巩固创造了某些独特而又模糊的体制。虽然在外交领域为自己的国家服务了近25年，但是他经常质疑这个国家的政治制度。即使是在晚年当他成为墨西哥文坛德高望重的巨匠时——尤其是在他成为当时唯一一位获得诺贝尔文学奖的墨西哥作家之后——他依然继续敦促革命制度党推进改革以使墨西哥成为一个更具代表性的现代民主国家。

帕斯曾经在犀利的散文和许多其他公众场合表达过这些观点。这使得他与那些在他看来垄断着墨西哥学术和知识的左翼正统信念产生了巨大的冲突。他开始拒绝任何将革命作为解决墨西哥以及其他拉美国家和发展中国家深层次问题的灵丹妙药的观点。他认为这些国家中的社会不公还没有发展到需要通过暴力革命来解决的程度；他希望它们选择一条以清醒批评为基础的民主改革的道路。他也不认为自己是保守主义者，相反，他觉得革命经由诗的真实和个人反叛就会到来，尽管他并不能肯定这种革命是否仅仅是人类博爱的昙花一现。

他与墨西哥知识分子之间的分歧只是他与自己格格不入的冰山一角。他是最后的"纯文人"之一，除了诗歌写作之外一无所长，但却坚信这种创作也可以承担道德责任，可以让他表达自己对周围所发生的一切事物的看法。他是一位真正的业余选手，始终坚信充满激情的探究可以无所不及。在访谈中，他对当时涉及的话题都保持着一股年轻人般的热情，总是旁征博引各类知识，并不时就头脑中闪过的问题发问，就好像他总是第一次谈及这些问题似的。而在访谈结束时，他总是会问："我说的不会很肤浅，对吗？"相同的灵感的泉流也在他的散文和诗中熠熠生辉：几乎没有其他哪一位智者具备这种可以在谈话与创作中都能游刃有余的能力。

在他 1998 年去世的时候，他被誉为墨西哥国内外最伟大的 20世纪诗人之一，同时也是最有影响的散文家之一。从那以后，他在自己国家的声望逐渐黯淡。"学术界"开始转移兴趣，并且试图忘记他。奥克塔维奥·帕斯基金会收集了大量宝贵的论文、手稿、照片和其他资料，但是由于他的遗孀玛丽·何塞·特拉米妮不愿意某些墨西哥学者对它别有用心地利用，便不得不关门大吉。执政七十多年后，革命制度党在大选中败北。新的国家行动党（Partidode Acción Nacional）对旧政权曾经提供的所谓"祖传的"恩惠几乎不感兴趣。它更喜欢让墨西哥人沉迷于某种帕斯所极力批评过的"轻浮的享乐主义"中，并且几乎放弃了对每个墨西哥人探寻自己身份有利的界定民族性格的努力。

在一次访谈中，帕斯曾经提到一个关于亚历山大大帝的故事。当时，有人问亚历山大大帝在阿基里斯与荷马两人之间他更喜欢谁。亚历山大大帝很自然地选择了希腊英雄而不是荷马，因为他认为荷马仅仅是记录其他英雄人物事迹的"鼓手"。帕斯认为这一看法很荒谬。作为一位诗人和把自己一生都献给了写作事业的人来说，为历史事件作见证更为重要。而且，他认为诗本身就是一种在场，不管它的力量多么微不足道，它总是历史本身的一部分。然而，作出这一断言并不容易。在专论诗歌声音重要性的文章《其他的声音》中，他提出了一个让几乎所有 20 世纪诗人都无法安宁的问题："任何关于诗的反思都应该从这个问题开始或者以这个问题结束：什么人在阅读诗作？有多少人在阅读诗作？"

同巴勃鲁·聂鲁达 (Pablo Neruda)、塞萨尔·巴列霍 (César Vallejo)、尼古拉斯·纪廉 (Nicolás Guillén) 一样，帕斯自己是为数不多的拉美重要诗人之一。他的作品对于那些世纪末出生的人而言并不陌生。这些作品对文学力量提出了挑战，从而让文学之声为人们所能听到，而不致淹没在历史毁灭性的怒吼声中。尽管深深扎根于墨西哥及其身份的复杂性中，但是帕斯坚持认为诗歌追求代表着一种基本的人类价值，因此他的作品能够跨越一切疆界与无数读者产生共鸣。

第一章

发现一种声音，1914—1937

　　帕斯 1914 年 3 月 31 日出生于墨西哥城。就在这个春天，人们亲眼看到一个黄金时代因第一次世界大战的爆发而以悲剧告终。1910 年，墨西哥国内爆发了革命暴力运动并于次年迅速推翻了长期执政的独裁者波费里奥·迪亚斯（Porfirio Díaz）的统治。然而由于不同派别争权夺利，革命暴力仍然折磨着这个国家。就在帕斯的父亲奥克塔维奥·帕斯·索罗尔萨诺（Octavio Paz Solórzano）出生一个月之后，美国军队乘墨西哥国内时局动荡之机占领了韦拉克鲁斯港口（veracruz）。而在一年前，墨西哥城市中心就已经遭受了被人们称为"悲情十日"的战争磨难。当时，对立派别在总统宫殿和附近的修塔德拉城堡之间相互发射炮弹并猛烈交火。战斗导致五百名平民丧生，总统弗朗西斯科·马德罗（Francisco Madero）在被捕之后随即被害。奥克塔维奥年轻的祖父伊雷内奥·帕斯（Ireneo Paz, 1835—1924）在旧城市中心曾经拥有一家打印店，但是这家打印店在 1914 年各派争夺权力的斗争中却横遭抢劫。尽管已经 80 多岁，但是老人还是决定举家迁出市中心，转移到当时还与大都市完全隔离的相对安宁些的前哥伦比亚小镇米斯科阿克。

　　祖父对于年轻的帕斯有着非同寻常的巨大影响。他的存在使得少年帕斯与祖父本人在其中扮演过重要角色的 19 世纪墨西哥独立战争和一般意义上的墨西哥历史建立了直接联系。当时，伊雷内奥·帕斯是一位律师兼记者。他支持 1850 年代贝尼托（Benito）领导的自由革命——后者是来自奥克萨卡（Oaxaca）的萨帕台克（Zapotec）印地安人，而且曾经是墨西哥第一部共和国宪法的牵线人。19 世纪 60 年代，他还参加了阻止法国扶植奥地利皇太子成为墨西哥皇帝的战斗，并因此晋升为陆军上校。尽管伊雷内奥·帕斯是一位坚定的民族主义者，但是到 19 世纪 80 年代时，他却积极支持波费里奥总统推行的实现墨西哥现代化并实行对外开放的政策。他后来成为联邦国会议员，同时也是一位多产作家，除了自己的回忆录之外，还写过一些历史小说和剧本，并为波费里奥·迪亚斯写过传记。他还是"本土化"运动的先驱之一。这一运动首次试图让那些曾经被剥夺了话语权、被边缘化的土著居民成为民族叙事的的主人公。这让帕斯很小就兴奋不已。

　　同时，帕斯一家还广泛接受外来的各种影响。尽管反对法国的侵略，但是直到 1880 年代，伊雷内奥·帕斯仍然认为法国是现代性的象征。1889 年，他甚至作为世界博览会（新近完工的埃菲尔铁塔是本届展会的主要亮点）的参展人到巴黎旅行。在那里，他展示了自己的印刷和装订技术。[1] 帕斯的祖父带回了所有最新的法国文学，并将它们作为经典收藏在他的图书馆。许多年以后，他将会教导他年轻的孙子欣赏并尊重法国的思想和文学。这一"法国情结"还获得了当时和帕斯一家住在一起的性情古怪的未婚姑妈阿玛利亚的支持。很显然，她除了鼓励这个年轻的孩子阅读法国儿童作家的作品之外，还鼓励他阅读卢梭、维克多·雨果和米什莱的作品。帕斯永远不会忘记这些课程：他长大后在巴黎度过的两年时光收获颇丰，而孩童时养成的阅读法语书籍的习惯则一直伴随他的一生。对于他来说，法国在许多意义上都是他知识的家园。1989年，在他亲自从法国总统密特朗手中接受了托克维尔奖时，他以"法国文学一直是我的第二个精神家园"作为谢词。[2]

批评家们发现，帕斯能够将内心深处的民族主义与热切接受其他传统熏陶的开放心态结合在一起，这其实可以一直追溯到他的祖父。不管它的起源是什么，这一态度常常使得长大后的帕斯（从1930年代到1990年代）与墨西哥左翼知识分子产生冲突。他们认为要成为真正的墨西哥人就必须拒绝所有的外国影响，而且必须将所有的精力都用于创造一种特定的"墨西哥"文学和艺术。帕斯始终拒绝接受任何关于这些命题的狭隘定义。他的家庭经历使他意识到成为真正的墨西哥人涉及一个复杂的传承问题，而他在美国、欧洲和远东的旅游经历则促使他致力于在与其他文化的差异中寻找自己文化的定义，而不是（如20世纪30年代墨西哥民族主义文学团体所称呼的那样）仅仅寻找"大地上的"本真文化。

帕斯的爷爷虽说有点严厉，但似乎是一位和蔼的老人。但是他的父亲奥克塔维奥·帕斯·索罗尔萨诺，也就是伊雷内奥·帕斯最小的儿子，对于帕斯却有着不利的影响。这位父亲也是一位律师。1910年革命爆发后，他很快捐出土地以支持来自南部的革命领导人米里亚诺·萨帕塔（Emiliano Zapata）。萨帕塔脾气暴躁，是致力于土地改革的最坚定的革命领导人，曾动用武力来征用许多属于地主的面积庞大的庄园或牧场。1914年，他的军队占领了

1915年，萨帕塔支持者在墨西哥城的桑伯恩（Sanborn）喝咖啡。

首都（即使是在那时候他就抱怨城市"不适合人类居住"，因此据说在首都只逗留了一个晚上）。大致是在这段时间里，帕斯的父亲作为土地改革方面的律师以及萨帕塔的私人秘书与其并肩作战。1920年革命结束后，老奥克塔维奥·帕斯继续要求进行土地改革，并且被选为国家农业党（Partido Nacional Agrarista）的全国代表。部分是因为工作的原因，所以他长期不在家。然而，当他真的回来之后，他的暴力倾向却似乎常常打破了家庭的宁静。

　　六十多年后，奥克塔维奥·帕斯曾经在一首长诗中忆起过他的童年。这首长诗最初标题为《内在的时间》，后来改为《往事清晰》。这是一个非常典型的具有多层含义的标题，包含"真实地复制过去"和"使事物变得清晰"两重意思。在长诗中，帕斯审视了这些早年的岁月以及它们将他塑造成作家的方式。他所引用的威廉·华兹华斯《序曲》中的题词清楚地解释了诗作的寓意："美好的童年时光占据了我的灵魂，/ 我在美和恐惧的抚育中成长……"在这首写于 1974 年的诗中，他描述父亲时强调了他对幼年帕斯影响中让帕斯感到恐惧的一面：

> 从呕吐到口渴
> 捆在酒精的马驹上
> 父亲往返于火焰中 [3]

另一首写于 20 世纪 60 年代、并穿插于作者所写的关于印度数年生活的思考和感受中的诗作《东山坡》(*Ladera este*) 探讨了祖父和父亲对他少年时代生活的影响。诗作的副标题是"墨西哥人之歌"。可能是因为它就像一首叠句一样不断涌入他的脑海，因此这首诗召唤回了这两位老人的声音，并且把他们与墨西哥历史上的暴力行动以及那些充满危险的决定性时刻连接在了一起：诗作谈到了 1860 年代法国的入侵，波费里奥·迪亚斯日益专横的漫长统治以及 20 世纪的革命领导人。和他们充满暴力、冒险、"火药味十足"的生活形成鲜明对照的是帕斯自己当时迷茫的状态：

> 我的祖父在喝咖啡时，
> 和我讲述华雷斯与波费里奥

讲述法国士兵与白银帮。

桌布上散发着火药味。

我的父亲举起杯子时，

和我谈论萨帕塔和维拉

谈论索托、伽码和弗洛勒斯。

桌布上充满了火药味。

可是我只能选择沉默：

我应该谈论谁呢？[4]

在经历此类场景的 50 年后，帕斯用这首短诗不仅表达了少年时的孤独感（这种感受因为他的独子身份而更加深刻），而且还向读者展现了形成他的诗学特色的环境。这个家族里的男性长辈都曾经历过墨西哥历史上刚刚过去不久的动荡岁月：诗人应该召唤什么样的经历以便人们听到自己的声音？也许这就是长大后帕斯经常提及的那一诗歌"另一种声音"的起源："诗是另一种声音。不是历史的声音也不是反历史的声音，而是总是在历史中述说着某些差异的声音。"[5]

和这些精力充沛但却性格暴躁的男性形象形成对照的是帕斯的母亲何塞费那·罗莎诺（Josefina Lozano）。帕斯从她那里继承了一双令人惊讶的蓝色眼睛。这双眼睛使他在早年获得了"西哥特人"的昵称，而且使他自觉地与黑头发、黑眼睛的"典型"墨西哥人区别开来。何塞费那·罗莎诺出生在西班牙南部加的斯

（Cádiz）附近，她似乎是幼年帕斯在情感上的坚强依靠。帕斯长大
后在《往事清晰》中描述她与描述他父亲的方式之间的区别再也不
能更大了：

> 我的母亲，千年的女孩
>
> 世界的母亲。失去我这个儿子的女人
>
> 饱受折磨，残忍，固执，谨慎
>
> 雌朱顶雀，母狼，雌蚁，野猪
>
> 拼写错误的情书
>
> 我的母亲：每天我都
>
> 用她的小刀来切面包 [6]

何塞费那·罗莎诺，也就是人们熟知的珀皮塔（Pepita），是帕斯与
西班牙和欧洲的直接联系。正如他的外表一样，这一遗传将帕斯
与许多其他墨西哥人区别开。除了这些特点，像真正的"西班牙
裔"墨西哥人究竟是什么样子这类问题不时出现在他的作品中，尤
其是经常出现在他那篇颇具权威性的《索尔·胡安娜：她的生活和
她的世界》中。[7] 在二十出头时，他曾经匆匆忙忙前往西班牙去见
证西班牙内战，而在共和国失利后又积极地帮助许多流亡墨西哥
的作家。然而，他同时也强调，出生在美洲意味着他拥有一种不同
的了解这个世界的传统与方式：他在许多诗和散文中都致力于探索
这一差异。

　　在自传体长诗《往事清晰》中，奥克塔维奥·帕斯说家庭是
"蝎子的温床"，[8] 用如此尖刻的词语来描述家庭关系表明他的家庭

20 世纪 20 年代初墨西哥城外米斯科阿克镇（Mixcoac）。

关系实际上复杂得多。诗人帕斯十分清楚，他的个人信仰和才能不仅应归功于他从父母各自家庭中所继承的一切（他从父亲这一边继承的是墨西哥本土的传统，而从他母亲和她的祖先那一边继承的则是西班牙的传统），而且还应归功于他童年时产生的爱的情感和对情的渴望。纵观他的作品，男性人物都是挑战和潜在威胁的制造者，而女性人物则通过爱使他与世界达成和解，并为他带来安慰和温暖。

　　几乎和家人对这个年轻孩子的影响一样强大的是帕斯长大后回顾童年时常常念及的地方感。[9]1915 年，他的祖父带着家人来到位于墨西哥山谷中的米斯科阿克镇。米斯科阿克镇是一系列前

帕斯童年时的米斯科阿克镇中心。

西班牙人定居点之一，虽然与墨西哥城毗邻，但却仍然保持着与其完全隔离的状态。直到 1930 年，墨西哥城仍然只有不到一百万的居民；居住在米斯科阿克、圣安吉尔和科约阿堪（Coyoacán）等墨城南部城镇的人们在坐上他们与大城市主要联接纽带的电车时往往说自己是"去墨西哥"。米斯科阿克街道铺的是紫色而坚硬的火山岩鹅卵石。这种石头最初是史前特诺奇蒂特兰湖沿岸的主要构成物质。小镇就像 6 世纪西班牙人征服墨西哥时初建的那样，仍然以市中心广场为轴心向外扩散。奥克塔维奥·帕斯后来描述过他从小居住过的那座房子和花园，直到 1937 年 23 岁时他才离开这里前往尤卡坦（Yucatán）和西班牙。他认为和伊甸园相比它们毫不逊色。[10] 这些地方总是作为帕斯情感世界的中心出现在他的诗中，例如诗集《鹰还是太阳？》（Aguila o sol）中的"无花果树"(La higuera)。[11] 帕斯还有一部戏剧《拉帕奇尼的女儿》(*La hija de Rappaccini*)[12] 描述了一位学生透过窗外看见一位妙龄少女（拉帕奇尼的女儿）在花园散步时深深地爱上了她。很显然这并不是巧合。与此同时，这座伊甸园正面临着外来的威胁：正如帕斯1970 年告诉丽达·吉尔伯特(Rita Guibert) 的那样，[13] 革命年代给这个家庭带来了严重的经济问题，因此米斯科阿克镇的房子很快就破败不堪：

> 我们那座堆满了古旧家具、书籍和其他器皿的房子一点点地衰败。随着房子倒塌，我们只好将家具转移到另一间。我记得有很长一段时间我住在一间宽敞的但却缺少一面墙壁的房间里。一些华丽的屏风只能勉强为我遮风挡雨。有一种攀援植物还钻进了我的房间……

1920 年，帕斯的父亲流亡美国。[14] 随后他将妻儿接到洛杉矶与他团聚。来到美国的奥克塔维奥发现自己来到了一个完全陌生的世界，在这里他成为了局外人。这次经历给了他见识两个相邻社会不同习俗和信仰的契机。对这些差异的描述将成为他后来大部分作品的主要内容，其中包括他那篇最著名的分析墨西哥人身份的《孤独的迷宫》。正如他在晚年回忆时所说：

> 我们一抵达，我的父母就决定让我去上当地的幼儿园。我已经六岁了，但是一句英语也不会讲。我依稀记得上课第一天时的情景：教学楼顶飘扬着美国旗帜；教室里只有书

桌和硬板凳；我听不懂其他同学提问时的尴尬以及试图让
他们恢复秩序时老师脸上努力挤出的温柔微笑。这是一所
老式的的英国式学校。学生中除了帕斯之外只有两位是墨
西哥人，而且这两人都出生在洛杉矶。由于不明白周围发
生了什么事，所以我心里特别恐惧，只能选择沉默作为逃
避。[15]

这一次去国离乡的经历并没有持续很久。两年后，一家人回
到米斯科阿克镇和爷爷以及阿玛利亚姑妈团聚。根据他在《人生
旅程》中的回忆，奥克塔维奥又一次感到自己成为了局外人。[16]
正是在这个时候，他开始拿起笔，用诗和散文来抒发内心强烈的感
受。《往事清晰》在回首这段日子时，[17] 还补充说明了激发帕斯写
作冲动的另一个深层原因：1924 年，在他年仅十岁的时候，祖父就
去世了。"我在死亡中发现了语言"，他写道。

帕斯的祖父和父亲都是强烈反对宗教的共和党人。但是如果
谈到帕斯早年所受的教育，信奉天主教的母亲对他的影响似乎更
大。他最初在米斯科阿克镇中心之前是莎卡帝托庄园的拉萨勒兄
弟小学就读，然后到墨西哥城南部的威廉姆斯学院学习。正如《人
生旅程》（Itinerary）中所写的，他在威廉姆斯学院接受的是正宗英
国公学式的教育。"他们注重将身体作为活力和战斗力的来源来培
育。这种教育培养的是活跃、聪明、善于捕猎的动物。他们崇尚诸
如坚韧、勇气、忠诚和进攻性等男子汉的价值观。"[18] 但小男孩对
母亲的忠诚并不意味着他会一直相信她的天主教上帝。帕斯 1970

年曾告诉丽达·吉尔伯特，他很快就对天主教上帝产生了怀疑。他声称，自己有一次参加宗教活动但却发现没有任何收获，于是当场往地上吐了口痰、骂了几句粗话，并从此决定自己也将成为一名"好战的"反宗教斗士。[19] 从那以后，帕斯对宗教的兴趣就似乎完全是智性的探求。他在早期论诗的散文中谈到了宗教经验与诗学经验的相似性，但却总是在两者之间做出明确区分。虽然他在印度和远东的岁月促使他去研究印度教和佛教，但是他只是在考察不同文化以及它们在艺术中的表达，而不是为了去寻找能够让他信奉的宗教。

米斯科阿克镇那座房子和花园里的封闭世界在帕斯十六岁时突然变得开阔了，因为就在这一年，年轻的帕斯人生有了质的飞跃。他不再继续接受当地的教育，而是开始连续两年每天都去墨西哥市中心的预备学校学习以便为进入国立大学做准备。上课地点在圣·伊尔德丰索学院一座美丽的高楼里。这所之前是耶稣会修道院的学院坐落于旧城市中心，靠近佐卡罗主广场（Zócalo Squre）。在这里度过的两年时光对于诗人兼辩论家帕斯的成长至关重要。20 世纪 20 年代末，也就是帕斯开始预科学习的时候，墨西哥革命正进入一个新的阶段。民族革命党（后来随着时间推移逐渐发展成革命制度党，并且在接下来的七十年时间里一直掌握着墨西哥的国家权力）试图巩固革命的成果。其领导人认为，在经历了多年政治和经济动荡之后墨西哥最需要的是建立合适的组织机构，并努力维护国家稳定和社会和平。而其他左翼人士则认为墨西哥革命还不够深入。他们叫嚷着要成立以苏维埃俄国为参照的"社会

20世纪20年代晚期墨西哥城圣·伊尔德丰索（San Ildefonso）学院的一位学生演讲家。

主义"社会。苏联一方则认为墨西哥进一步改革的时机已经成熟，因此派出了立场鲜明的代表作为外交使者。例如，1927年两国恢复外交关系时，作家亚历山德拉·科伦泰（Alexandra Kollontai）就成为苏联首任驻墨西哥大使。[20] 在墨西哥首都，成千上万的人走上街头迎接她的到来。奥克塔维奥·帕斯很可能也在欢迎的队伍当中。

　　总之，像帕斯一样热血沸腾的墨西哥青年认为墨西哥多年的暴力革命已经将他们的国家带入现代社会，并登上世界政治舞台。人民成为自己命运的主宰者，这在墨西哥历史上几乎可以说是第一次。而这又将他们与后革命时代的苏维埃联邦所发生的一切、与卡尔·马克思和他的信徒们所主张的历史决定论的思想联系在了一起。正如帕斯后来在《人生旅程》中写到的："我这一代人在墨西哥历史上第一次参与了世界历史"。[21]

受早期政治激进主义理想的指引，帕斯在十六岁时加入了圣·伊尔德丰索国立大学赫赫有名的文化团体学生、工人和农民联盟 (Unión Estudiantil Pro-Obrero y Campesin)。该联盟成立于1926 年，主要为工人提供教育，并协助引领无产阶级革命。正值青春年少的帕斯卷入了一场论战。论战内容是：是应该像伟大思想家和教育部长何塞·瓦斯康塞洛斯 (José Vasconcelos) 所说的那样，[22] 墨西哥通过采取"社会主义教育"以实现"社会主义社会"，还是像有人认为的那样有必要在教育系统实现真正革新前建立一个社会主义社会。他们辩论的内容常常在首都的各条街道传播，在那里学生们和工人们举行了抗议卡列斯政府 (Plutarco Calles) 滥用权力的活动并与警察发生了严重的冲突。在数次类似的示威游行事件中，年轻的帕斯曾经遭到短暂的拘留，而使他获释的正是他那做律师的父亲。

在从事政治活动的同时，帕斯还开始了诗歌写作。他发表的第一首诗刊登于 1931 年 6 月 7 日的《民族报》星期日副刊上，当时他十七岁。诗的副标题是《游戏》。

> 我将使四季充满刀光剑影，
> 并与时光戏谑玩闹
> （有着夏日红色面孔的严冬）。
> 沿着灰色的道路，
> 在岁月严酷、呆板
> 悄无声息的行进中，

　　　　　　我将加入色彩与活力。[23]

值得注意的是，从一开始诗人帕斯就决定证明自己可以改变事物、打破旧秩序，以支持那些更加重要的富有活力的事物。然而，在这首诗中，占据他早期诗作主要篇幅的政治担当的主题尚未出现。

　　第一首诗发表之后，很快有另一个迹象表明帕斯决心从事文学事业。这位十七岁的学生联合了三位朋友首次开始撰写文学评论。评论《栏杆》(Barandal) 显然得名于圣·伊尔德丰索回廊里的栏杆。因为在那里，年轻的学生们常常聚集在一起讨论政治和文学，希望以一己之力匡正世界。出版于 1933 年 9 月的第一期社论虽然不是帕斯自己写的，但是它的语气却激烈得无以复加：

　　　　苏联的知识分子创造着并且建设着，资本主义国家的
　　　知识分子则复制着并且破坏着。后者过去曾经对许多代人
　　　有过启迪，但是现在却对人们毫无助益，资本主义制度已
　　　经毁了他们，并让他们感到疲惫不堪，迷茫无助……只要
　　　看一看马歇尔·普鲁斯特！如此聪明的一个人，现在却只
　　　能试图回忆过去，不能面对未来……[24]

奥克塔维奥在这个杂志上（只出了七期）和其他地方发表的最早一批诗作显示了卡洛斯·佩里塞尔 (Carlos Pellicer)（学院里的老师）、比利亚·乌鲁蒂亚 (Xavier Villaurrutia) 等老一代墨西哥诗人和以《同时代人》(Contemporaneous) 为人熟知的文学团体同仁对他的影响。这个文学团体办过一个同名评论杂志。顾名思义，

《同时代人》希望墨西哥诗歌实现现代化，并摆脱革命岁月时流行的浪漫抒情主义的桎梏。这些诗人决心放眼欧洲、美国甚至是日本以寻找能够表达他们感情和经历的方式。《同时代人》成员在文学中拒绝任何形式的傲慢的民族主义，同时拒绝与暴力和斗争的男性世界相联系的所谓"男性气概"。这个团体里的作家还坚决抵制任何美化革命、撰写以革命岁月和新墨西哥诞生为题材的史诗。他们将这种史诗题材留给了诸如迭戈·里维拉（Diego Rivera）这样的壁画画家，或者是那些革命时兴起的小说家。

对于年轻的帕斯来说，这些诗人都是巨匠。他们教导他进行诗学实验，以诗歌形式做游戏，但同时却视诗为一种极为严肃的尝试。他们的杂志还使得帕斯与世界各地新的诗歌潮流建立了联系。然而，无论他初期的政治理想多么富有革命性，引起他注意的却是两种保守的声音：法国贵族圣·琼·佩斯（Saint-John Perse）撰写的《阿纳巴斯》（*anabase*）或多年后他曾经回忆过的自己曾深受其影响的托马斯·斯特恩·艾略特："该杂志 1930 年 8 月刊号上刊登了一首让我感到惊奇并让我着迷的非凡长诗——《荒原》。"[25] 阅读《荒原》使得他开始区分诗中的创新和历史中的革新：正如他在《另一个声音：诗与世纪末》（*La otra voz*）中提出的那样，[26] 许多 20 世纪诗人面对的诱惑是视这两者为同义语。除了《同时代人》杂志之外，帕斯还是西班牙杂志《27 的诞生》的忠实读者。围绕在这一杂志周围的诗人包括拉斐尔·阿尔贝蒂（Rafael Alberti）、加西亚·洛尔加（Federico García Lorca）和很快就成为他的亲密朋友和诗学导师的路易斯·塞努达（Luis Cernuda）等。帕斯还发现了同时代的拉丁美洲作家，尤其是通过阿根廷重要的文学评论杂志《南方》发现了豪尔赫·路易斯·博尔赫斯。帕斯之后很快也开始为这个杂志撰稿。[27]

对于帕斯今后发展同样重要的是几乎与此同时他在 1931 年 12 月的《栏杆》上发表的一篇反思诗对于社会之意义和作用的文章。在这篇文章里，帕斯讨论了一个被反复辩论过的古老命题。针对这一命题的辩论由于 20 世纪 30 年代早期墨西哥和世界其他地方所经历的动荡岁月这一背景而显得尤为迫切。青年的诗人质问自己，"有担当的"艺术相对于"纯粹的"艺术来说其价值究竟是什么？他写道：

> 对于前者来说，最根本的问题在于诗歌写作的宗教性目的。艺术是宣传的手段。艺术是论战的手段。艺术存在于公共领域。对于后者来说，艺术家应该仅仅是一个艺术家。他的艺术作品应该仅仅是艺术作品，没有其他的目的。艺术不是游戏，不是政治，不是经济，也不是慈善机构。它就是艺术，仅此而已。[28]

考虑到他最早一批诗以及其所具有的戏谑与实验的特点，帕斯在这篇早期论文中开始向诗的"社会担当"倾斜就有些出人意料了。他说，美洲的年轻诗人"是即将由我们创造的美洲大陆的历史的一代人"。因此，他会选择创造那些有助于未来建设的艺术而不是只关注让自己的形式更完美的艺术。

如果考虑到他即使是在年龄很小时就倾心于文学写作，那么他在 1932 年决定从圣·伊尔德丰索学院转到墨西哥大学法律系应该是另一个矛盾。他似乎是在向父亲作出让步，但这也是他参与这个全国最活跃的学术中心文化活动的一种手段。他在这里的学生生活不仅为他提供继续从事激进学生活动的机会，也为他提供了进行写作的时间。他的一位法律系同事曾经谈到奥克塔维奥在作为一名学生时总是想方设法地接触任何一种崭新的思想，就好像这种新思想是第一次进入人们思考或者讨论的视野似的。他以饱满的热情全身心地投入到每一次辩论中——这是他终身保持的另一个个性特点。法学院在氛围上比受耶稣会影响较深的圣·伊尔德丰索学院要保守得多，但帕斯仍然积极投身于"革命的"学生政治活动。1934 年，他被派到墨西哥湾的韦拉克鲁斯州研究那里的工人情况，并兼任他的父亲之前经常做的工作，即为那些向革命当局索取土地的人们提供法律援助。

正是在 1934 年大学学习期间，帕斯遇到了生命中第一位让他痴迷的恋人埃琳娜·伽罗。这个女孩几年后将成为他的妻子。埃琳娜·伽罗也是一名学生。她是来自西班牙的新移民何塞·安东尼奥·伽罗（José Antonio Garro）的女儿。正是由于何塞的引导，年轻的奥克塔维奥才首次接触到了东方世界。何塞研读过大量印度经典作品，从《奥义书》到《吠檀多》（Upanishads）和克里希那穆提（Khrishnamurti）的作品等。克里希那穆提当时在西方有很多的追随者，并且大概在这段时间访问过墨西哥。埃琳娜是一名舞蹈演员和舞台设计者，她那闪亮的金色头发是所有朋友津津乐道的话题。两个年轻人的关系发展十分迅速，以至于埃琳娜严格的天主教徒父母不得不采取措施以保证无论他们何时见面都有人陪护，甚至曾威胁要将她转移到一所修道院学校。这种威胁只能让青年诗人的激情有增无减：他给她写了一封又一封热情奔放的书信："我不希望你在想起我的时候带着排斥感，像犯罪似的，"他在 1935 年 7 月写道。"我们要爱我们的罪，因为那是我们获得拯救的唯一途径，只有在这罪中我们才能认识自己，并使自己变得高贵。"[29]

热恋中的帕斯继续发表诗作。1932 年，第一首他认为值得保留在后来文集里的诗诞生了。诗作题目是《夜曲》(Nocturno)，其涉及的题材和技巧的娴熟表明仅仅在短短一年时间里他就在形式和想象力上取得了突飞猛进的进展。这首早期诗作又一次谈到了他在后来作品中不断思考的话题：诗人如何能够找到确切的词语以描述围绕着他的乱象丛生的现实？由于词语无法捕捉瞬息即逝的某一刻的现实，诗人是否注定会成为唯我论者？

紧接着第二年，帕斯发表了第一部薄薄的诗集：《野生的月亮》(Silvestre)。诗集共有 35 页，只印刷了 75 份，使用的是编辑米格尔·里拉 (Miguel N. Lira) 打印的较大书籍的边角料。[30] 这些诗的整体氛围属于后期浪漫主义：忧郁的月光和更加忧郁的爱情以及安慰屡遭误解的热情年轻人的女人。这七首诗中引人注目的是，没有出现年轻诗人在后来的散文中以及在他持续从事的政治活动中所表现出来的改变世界、创造历史的志向。其实，这不足为奇。毕竟那时他还只有十几岁，而他的作品也仍然在不断变化；年轻的诗人正如饥似渴地吸收着各种影响、研究过去的大师和同辈人的作品、不断地进行试验以找到适合自己的声音。

在接下来从 1934 年到 1936 年的两年里，帕斯的时间都用于学习、阅读以及与埃琳娜·伽罗谈恋爱。他还抽空参与编辑另一本存在时间很短的杂志《墨西哥谷地手册》(*Cuadernos del valle de México*)。接着不幸的事发生了。1936 年 3 月 8 日，他的父亲醉酒后在位于墨西哥城外边特斯科科镇 (Texcoco) 一个叫做洛雷耶斯·拉巴斯 (Los Reyes-La Paz) 的村子的铁轨上漫步时，被疾驰而过的火车撞死了，时年 52 岁。遗体被装在帆布麻袋里并移交给了他的家人。许多年以后，这次残酷但却毫无意义的死亡促使帕斯写下这样的诗句：

> 在枕木和铁轨间
> 在苍蝇和尘土纷飞的火车站
> 一天下午，我们收集了他的遗骨。[31]

这一事件至少就他的诗而言有着深远的影响，但是除了这首诗以及 1939 年写的一首未被收录的诗作片段之外，帕斯再也没有提过他父亲的死亡。当时，他正忙于其他事项。几个月后，年轻的作家发表了一首与他早期作品截然不同的诗，此时人们才明白了他忙碌的原因。这首新诗发表的契机是 1936 年 7 月爆发的西班牙内战。当时，弗朗西斯科·佛朗哥将军对共和国政府发动叛乱。由于他的家庭与西班牙的关系以及他那热情的政治信念，帕斯的同情自然而然地直接就倒向共和国政府这一边。1936 年 9 月，他出版了宣传册子《不得通过！》(*no pasaran!*)。[32] 由于就在军事叛乱数月之后，西班牙共产党领导人多洛雷斯·伊巴鲁里（Dolores Ibarruri）就展开了誓死保卫马德里的战斗。因此这一战斗口号变得十分出名。这首诗使帕斯首次获得了成功——当时印刷了3500本，所有的收益都赠送给墨西哥的西班牙人民阵线组织。在这首诗中，这个22岁的年轻人终于为"有担当的"诗找到了一种强有力的表达方式。诗是一本公共宣传品，完成于1936年夏末几个星期内。它是诗人内心情感的自然流露，并与他认为的高贵的革命事业完全契合。构成诗作的六页纸中有许多空洞的修辞，但是感情却是真实的，而且就这位初出茅庐的诗人写作一种直接与政治现实相联系的诗这一愿望而言，这首诗至少部分是成功的。同时，这也是他所写的许多为了在观众面前高声朗诵的第一首诗。因此，它强调了拯救生灵的共和党人和只知道杀戮与破坏的佛朗哥及其追随者之间尖锐的对立。

> 让死神停止脚步。
>
> 推倒那些阴险、嗜血的墙壁
>
> 筑起其他的城墙；
>
> 重新恢复中断了的生活，
>
> 让淤塞了的河流重新流动
>
> 让被囚禁的土地重新生长，
>
> 从死亡手中夺回西班牙。[33]

虽然《不得通过！》表明帕斯已经找到了他所宣称的诗必须介入政治和社会的有效途径，但是他接下来的作品却开始重新关注个体。1937 年 1 月，《人之根》(*Raíz del hombre*) 一诗问世。这首诗少了许多印数，只印了 600 份，由墨西哥城辛巴德出版社出版。[34] 初版中的不同章节（后来版本的长度大大缩减）组合在一起，成就了一首沉思性爱的长诗。这是帕斯第一次尝试写作长诗。他曾经赞美过艾略特和圣·琼·佩斯的长诗。临近晚年时，在写作论诗学声音的散文中他曾经再次使用过这一形式。[35] 长诗的形式使得他可以从容地在诗中暗示时间的影响、沉思经验的可能性以及生命在运动中的震颤。诗中的警句来自歌德，并且诗的精神接近于诺瓦利斯。很显然，他当时正在阅读的是德国浪漫主义诗人的作品。但评论者同时也指出该诗与 D. H. 劳伦斯的作品尤其是《查泰莱夫人的情人》（帕斯曾经在 1934 年读过这本书）十分相似。那位英国小说家（帕斯显然还不知道他的诗）的作品为这位墨西哥作家提供了一个热烈庆祝肉体之爱的范例。

在《人之根》中，他渴慕的女人已不再是早年诗作中那位遥远的女神。现在她已经化身为生命力，而激情则成为一股荡涤一切、点燃一切并提供超越可能性的洪流。在诗作醒目意象的引导下，读者跟随着诗人一起走过这样的历程：先是诗人寻觅自己的女人，接着是两人合一的美满时刻，然而紧随而来的是似乎不可避免的离别。这样的结局让人产生了彻底的绝望感。这种绝望感直到这首诗结束才消失，因为诗人已经承认这就是爱情的双重性质：在最欢乐的时刻时间不复存在，但是接着又必须无奈地重新融入时间之流。在为其 1993 年出版的一卷早期诗作《重要的瞬间：诗 1930—1943》(*Primera Instancia: Poesía 1930—1943*) 所写的引言中，帕斯至少作为后见之明指出诗是当时他的总体信仰的一部分：

> 我已经阐述了一种关于性爱的模糊理论。这一理论认
> 为在性爱中肉体的拥抱虽然短暂，但却是浓缩版的宇宙进
> 程。就像太阳和行星一样，当男人和女人拥抱时，他们就
> 坠入了无限空间。这一坠落是回归源头和原初，但同时也
> 是在经历几个年代或者几个时刻之后的复活。[36]

1937 年是帕斯人生的第一个分水岭。在他父亲去世后，他终
于决定放弃大学教育培养他去从事的法律职业。为了在经济上帮
助他的母亲，他开始外出工作。他当过国家档案馆打字员，并为一
个革命政治家写过演讲稿。几个月后，他离开了曾经承载过他童
年时光的米斯科阿克的家。他在尤卡坦半岛遥远的南部地区住了
几个月，然后紧接着和埃琳娜·伽罗结婚，并开始了他的欧洲之行。

一来到欧洲，帕斯就目睹了西班牙内战的恐怖情景，同时还见
识了许多为维护其意识形态的"纯粹性"而不惜牺牲原则的作家。
他之前抱有的革命与诗可以并肩前行的希望轰然坍塌。在西班牙
的经历使得一种理性的批判自由主义成为他的政治信念。这一信
仰将陪伴他一生。

第二章

选择一种立场，1937—1943

　　1937 年 3 月，22 岁的诗人花了两天时间从墨西哥城乘机来到尤卡坦半岛遥远的城市梅里达（Mérida）。尤卡坦半岛一直是墨西哥最偏远的地区之一，无论是在精神气质、地理特征和人口状况上都更接近于中美洲国家。19 世纪，在墨西哥摆脱西班牙统治，获得自由的同时，尤卡坦地区也宣布独立，直到 1848 年才与墨西哥联邦重新合并。一个世纪以后，半岛才开始通过铁路和道路与首都完全联接在一起。即使是在 20 世纪 30 年代，富裕家庭还经常通过海路将孩子送到古巴、西班牙或法国而不是送到遥远的墨西哥首都去接受教育。

　　但是 20 世纪 30 年代的尤卡坦半岛是墨西哥贫富分化最严重的地区之一。早在 20 世纪初，它的梅里达就因为其拥有的百万富翁比例比美洲其他地方高得多而声名远扬。这主要是由于欧洲对麻绳的需求热潮所致的。这种绳子用生长在剑麻庄园里的剑麻科植物的纤维制成。这座荒芜贫瘠的半岛却能生产大量的剑麻，成为当地人取之不竭的农业财富。同样是在这里，当地土著人口，也就是曾在这一地区建立了伟大金字塔和其他宗教仪式中心的玛雅人的后代，却仍然在近乎奴隶的条件下劳作。20 世纪 30 年代后半期，拉萨罗·卡德纳斯（Lázaro Cárdenas）的联邦政府开始没收庄园，并设法改善农民的工作条件。作为这项工作的一部分，联邦

尤卡坦地区以稻草为屋顶的小屋：20 世纪 30 年代墨西哥农村的贫困情景。

政府教育部希望开设学校为工人阶级的孩子提供受教育机会。这些孩子大部分都没有上过学，只会讲玛雅语言而不会讲西班牙语。这正是奥克塔维奥·帕斯和他的同事在梅里达所要承担的使命。由于帕斯太年轻，所以还无法正式担任那所由教育部长资助的学校的校长。他主要协助招生，并在 1937 年 4 月学校开学后开始教授"西班牙裔文学"。[1] 与他抵达半岛几乎同时，帕斯开始定期为当地报纸撰稿，并成立了一个"亲西班牙民主"委员会。他深深同情农村里占人口多数的混血儿的贫苦生活，同时也对那里裸露的白色石灰石景观印象深刻。因此，他写了一系列关于这一地区给他的第一印象的文章和简讯，[2] 并开始为自己的诗集收集素材。这就是最终在 1941 年出版的诗作《石与花之间》(*Between Stone and*

Flower）。[3]

帕斯首次离开墨西哥城后只在梅里达停留了几个月。1937 年 6 月，他开始了一段更加漫长的旅程。他不仅来到饱受战争蹂躏的西班牙，而且第一次踏上了巴黎的土地。来到巴黎后，他通过祖父图书馆的图书、姑姑讲授的法语课程以及墨西哥杂志上的译本所知道的法国，最终由想象变成了现实。欧洲之行源于年轻诗人收到的一封邀请信。这封信邀请帕斯作为墨西哥代表团的一员前往西班牙参加反法西斯作家的第二届国际大会。这是一次由西班牙共和国政府支持的左翼知识分子座谈会。此前第一届国际会议已经于 1935 年在巴黎举行；而现在来自三十个不同国家的一百多位代表应邀来到西班牙参加第二届国际大会，以显示国际社会对西班牙共和国政府的支持。在其自传《回忆录》（*Confieso que he vivido*）中，智利诗人巴勃罗·聂鲁达（Pablo Neruda），也就是国际大会在巴黎任命的大会组织者之一，以自己的声誉做担保力荐帕斯加入墨西哥代表团："能够将他带到西班牙，在某种程度上我感到很自豪。他只出版了一本书。虽然我两个月前刚刚收到一本，但对我来说它似乎蕴含着一颗真正的种子。在那个时候没有人知道他。"[4] 尽管受到了聂鲁达的慷慨相待，但是大会期间帕斯还是对聂鲁达执着的政治立场感到震惊。回到墨西哥后不久，两人之间就发生了一次公开的争吵以至于多年来互不理睬。

正如前文所言，帕斯在梅里达和尤卡坦只呆了三个多月就离开了，从此再未返回那里担任教职。但是在他出发前往西班牙前他还有一件事不得不完成。这就是与他挚爱的埃琳娜·贾鲁结为连理。直到他们的关系正式确定下来之前，埃琳娜·贾鲁的父母做梦也不会想到他们的女儿会陪同这位充满活力的年轻诗人去欧洲。这对恋人 1937 年 5 月底在墨西哥城按照民间仪式举办了婚礼。当时帕斯二十三岁，而他的新娘尚未满十八岁。对于他们的父母来说，他们的结合是一个不争的事实。婚后他们一直和帕斯的母亲一起住在米斯科阿克镇直到前往西班牙。在去往欧洲的途中，另一位受邀诗人卡洛斯·佩里塞尔与他们同行。卡洛斯·塞尔是较早一代《同时代人》团体中的左翼天主教徒。他们三人先从墨西哥城乘坐汽车到纽约，接着不得不取道加拿大然后乘坐飞机跨越大西洋来到法国。自称是墨西哥革命文化正式代表（即官方共产党路线的追随者）的革命作家和艺术家联盟（Liga de Escritores y Artistas Revolucionarios）对于墨西哥即将由天主教徒（佩里塞尔）和非党员（帕斯）来代表感到十分担忧。他们很快派来他们的忠实党员、记者兼散文家何塞·曼斯斯多尔（José Mancisidor）与这两人一同代表墨西哥前往西班牙参加会议。[5] 流亡的西班牙共和党人后来在巴黎举行过 7 月 19 日起义 15 周年纪念会。帕斯在这次会议上回忆说，当时他的立场十分鲜明："你必须要做的是睁开你的双眼：一方面是暴力和谎言的旧世界，它的象征是头盔、十字架和雨伞；另一方面是人类的面孔，它真实得就像幻觉似的，赤裸着胸膛，没有佩戴任何党徽。"[6]

在巴黎，帕斯和他的同伴受到法国共产党诗人路易斯·阿拉贡（Louis Aragon）和巴勃罗·聂鲁达的热烈欢迎。正是在短暂停留法国首都期间，年轻的墨西哥诗人帕斯首次认识了当时患病已到晚期的秘鲁诗人塞萨尔·巴列霍，同时还认识了西班牙电影制作人路易斯·布努埃尔（Luis Buñuel）。路易斯·布努埃尔后来流亡墨西哥期间与他成为亲密朋友。由于马德里处于佛朗哥军队的团体包围中，西班牙共和国政府已经于近期转移到了港口城市瓦伦西亚。在乘坐火车前往这座港口城市的旅行中，墨西哥人的队伍中多了安德烈·马尔罗（André Malraux），伊利亚·爱伦堡（Ilya Ehrenburg）和英国诗人斯蒂芬·斯宾德（Stephen Spender）（他对帕斯夫妻惊艳的青春和美丽似乎特别惊讶）的身影。

第二届知识分子国际代表大会在仍由共和政府控制的三个城市里举行：瓦伦西亚、马德里和巴塞罗那，闭幕大会则返回巴黎举行。会议的议程包括讨论作家在革命社会中的作用、作家的社会责任和许多其他议题。本次会议试图通过展示左翼思想的活力以支持西班牙共和国政府。来自西欧的许多最著名左翼作家和知识分子集结起来响应这一号召，而帕斯在会议期间也认识了其他拉美知识分子包括作曲家西尔维斯特雷·热乌埃尔塔斯（Silvestre Revueltas）、大卫·西科若斯（David Siquieros）、阿莱霍·卡彭铁尔（Alejo Carpentier）和维森特·乌依多布罗（Vicente Huidobro）。然而，国际代表大会的辩论很快就转向要求代表们公开批评法国作家安德烈·纪德（André Gide）。纪德是一名法国共产党党员，也是法国最知名和最具影响力的作家之一。他曾在 1935 年主持过巴黎国际大会。纪德曾长期停留苏联，回到法国后出版了《苏联纪行》（*Retour de l'urss*, 1936）一书。正是因为这本书他与他的战友们发生了激烈的争执。根据许多知识分子在国际代表大会上所做的批评，他的罪行不仅仅是批评了苏联生活的方方面面，而且还暗示这些问题是革命固有的而不是暂时的。与会的共产党人认为任何针对对苏联革命的批评都是在直接地支持法西斯。他们呼吁不加批判地支持苏联和它的伟大领袖约瑟夫·斯大林，以组成一条统一战线来反对共同的敌人。后来许多人重复过这种观点。

帕斯曾经写过他对纪德事件的态度：

> 拉丁美洲代表团多次举行闭门会议，讨论了纪德的《苏联纪行》、他的态度以及批评他的必要性。有人提议草拟一份由所有拉丁美洲代表签名的谴责纪德的决议，还有人投票试图使这一决定获得一致通过。卡洛斯·佩里塞尔为纪德辩护，认为他有权拥有不同的想法，并公开表达自己的观点。在最终通过的关于谴责纪德的投票中，只有两张弃权：佩里塞尔和我。会议最后也没有草拟通过对纪德的谴责，因为在当晚的公开会议上，何塞·贝尔加明（José Bergamin）对纪德发动了极为恶毒的攻击，以至于代表团认为没有必要再通过这样一个决议了。[7]

帕斯后来曾经说过，参加这次代表会议让他看清了许多事物，而且知道了对于作家和知识分子来说让他们的艺术从属于政治命令是多么有害。他还对这次充满个人人身攻击的行为感到震惊；他自己在论争中或许也充满批判的激情，但总是试图为原则和理想而辩论，而不是对个人进行人身攻击。作为大会上最年轻的作家之一，帕斯没有得到机会在 1937 年 7 月 4 日到 12 日的主论坛上阐述自己的观点。就在这一周，帕斯、埃琳娜·伽罗和许多其他会议代表还被带到当时仍然处于佛朗哥军事力量包围中的马德里。这是帕斯第一次有机会亲眼看到战争。按照他妻子的说法，他当时特别激动：

> 我们怀着非常轻松的心情到了帕萨·德·罗萨莱斯（Paseo de Rosales）。在那里，我们遇到了枪战。我朝着战壕跑去，其他人跟着我一起跑。"他们要向我们开炮，"我说。卡洛斯·佩里塞尔脸色铁青，但帕斯说："这太壮观了！"我们沿着战壕在枪林弹雨中逃命，一直跑到它的尽头，最后我们来到一条与帕萨相垂直的街道。"我快喘不过气了。我永远都不会再听你们这些小孩英雄式的鬼话了，"佩里塞尔抱怨道。我想我们已经看到了一点战争的样子，难道这不是我们来这里的原因吗？[8]

但是，除了收获这一亲临战场的兴奋之外，年轻的诗人同时也在积累经验，以便从中提取素材。他那一周在马德里街头看到的一幕幕不时出现在 20 世纪 50 年代他的一首重要诗作《太阳石》中。战争成为在死亡和毁灭之中重新肯定生活的重要契机。

> 马德里，1937 年，
> 在安赫广场，妇女们
> 缝补着衣物，与孩子们一起歌唱
> 这时警报响起，到处是喊叫声，

房子轰然倒塌，尘土扬起，

尖塔四分五裂，外墙变成碎片

发动机如冷漠的飓风：

他们当中有两人脱光了衣服、赤身相爱

为了捍卫我们享有永恒的权利

和属于我们的那一份时间和天堂

为了抵达我们的源头，重新找回自己，

收回千百年前被生活的窃贼

盗取的遗产……[9]

　　国际代表大会本身在巴塞罗那艰难结束。闭幕大会于 7 月 16 日至 17 日周末在巴黎举行。代表团成员再次把大部分精力都花在对纪德的攻击上，同时还通过了一个最后决议。在这个决议中，"文化工作者"决心"不择手段"与法西斯主义作斗争，并重申他们对"西班牙人民取得最后胜利坚定不移的信心"。西班牙共和国总统曼努埃尔·阿扎伊亚（Manuel Azaña）在日记中总结这次会议时感到十分遗憾："代表大会毫无成效。很少人参加，只有极少数的重要人物……它花费了国家的钱财，但是在第一次会议当天竟然没有打字机、没有纸、也没有速记员。"[10]

　　帕斯没有回到巴黎参加代表大会的闭幕式，他更愿意在瓦伦西亚呆上几星期。这主要是因为他与《西班牙时间》（*Hora de España*）杂志周围的青年作家相处十分融洽。这份杂志影响较大，团结在其周围的作家包括曼努埃尔·阿尔托拉圭热（Manuel

Altolaguirre)，胡安·吉尔·阿尔伯特（Juan Gil-Albert），安东尼奥·桑切斯·巴布多（Antonio Sánchez-Barbudo），玛丽亚·赞布拉诺（María Zambrano）和后来成为他亲密朋友的另一个诗人路易斯·赛努达（Luis Cernuda）。尽管共产主义者试图控制西班牙共和国的文化，但是这个杂志的成员坚持认为，虽然他们愿意承担文学的社会责任，但是他们不会被任何一种政治路线束缚。他们不但想要写作承载社会责任的诗，而且想要拥有自己在艺术上的完全自由。这正是帕斯的立场。虽然帕斯仍坚信马克思主义革命不仅代表着墨西哥而且代表着欧洲获得重生的最好希望，但是他从不希望诗成为直接传达政治信息的工具。他拒绝接受胡安·拉蒙·希门尼斯（Juan Ramón Jiménez）（此人已离开西班牙流亡在外，在帕斯返回墨西哥中途停留古巴期间两人曾经相遇）等诗人的立场。胡安·拉蒙·希门尼斯认为诗所代表的价值观和理想与意识形态和日常政治斗争代表的价值观和理想是冲突的。如果让诗与它们联系在一起，那么诗就必然受到伤害。但是帕斯从来不认为直接的政治宣传能够产生好诗。这是他终生坚持的立场。例如，1994 年接受采访时，他就这样为自己早期比较直白的诗做辩护道："我的政治诗从不服从党的指令，我也不把他们当作宣传的手段。我写这些诗时的冲动和引导我写情诗、写关于树的诗或者写任何心理状态的诗的冲动是一样的。他们都表达了我作为人的状况。"[11]

　　由于《西班牙时间》团体成员的帮助，1937 年帕斯发表了第三本诗集《在你清晰的阴影下以及其他关于西班牙的诗》（*Bajo tu clara sombra y otros poemas sobre España*）。[12] 这本诗集明确地区分了热切的爱情诗和社会抗议诗，但是正如胡安·吉尔－阿尔伯特 (Juan Gil-Albert) 在其为杂志所写的评论中所强调的："在一个年轻人写下这些散发着生命暖意的诗作时，仅仅基于已经写下它们这一事实，就表明他是站在人类所渴望的革命这一边。"[13] 与此同时，很显然帕斯已经放弃了他父亲那一代的希望，即墨西哥革命可以为把自己国家建设成为一个更加公正和更加令人向往的社会提供解决之道。1937 年 8 月，在给瓦伦西亚文艺协会做关于当代墨西哥诗歌的讲座上，他表达了自己的悲观情绪。他告诉他的听众："如果我们的前辈希望拯救那些失意的，不幸的和被生活残酷割裂的人们，那么我们就有希望看见这样一类人，他们能够以革命的方式从自己的灰烬中获得重生。这是一种更有活力、同时因为清醒而更加痛苦的重生。"[14]

这里的基调与马克思主义革命在墨西哥或西班牙的实现指日可待的乐观信念相差万里。对于帕斯来说，诗是用来巩固精神和道德的价值而不是直接的政治价值；它所要增强的是共同的人性而不是直接支持由党派组织和忠诚所主导的政治斗争。因此，在西班牙的这几个月对他影响最大的是他和其他人共同认可的这些经验。有一件事深深地烙在了年轻诗人的脑海里，以至于三十多年后他仍然能够在一次访谈中回忆起来。那时，他发现自己所在的瓦伦西亚郊区村庄陷入了法西斯炮火的围攻：

> 为了给自己和当地居民鼓舞士气，我们唱着"国际歌"穿过村庄，然后躲在一个菜园子里。村民们过来看望我们，

> 当他们得知我是墨西哥人时，都很激动。墨西哥人正派人
> 来援助共和国，有些农民还是无政府主义者。他们冒着枪
> 林弹雨回家寻找食物，给我们带来了面包、甜瓜、奶酪和葡
> 萄酒。在轰炸声中和农民一起进食……这是我无法忘记的
> 情景。[15]

然而，这种团结的意识的确让帕斯刹那间产生了在战争中发挥更直接作用的渴望。1937 年夏天的某个时刻，帕斯对共和事业的热情似乎已经让他产生了作为政治委员加入保卫共和国战斗的愿望。这反映了一种天真的信念，即他的热情和才能就可以保证立即实现理想：现实却是在战争的这个阶段，共产党控制了所有这一类任命。正如帕斯后来意识到的，它只会提名值得信赖的党员到这类敏感的岗位任职：

> 我产生了以政治委员身份参军的想法——这是越轨的。
> 我咨询了一下，但受到的接待方式让我相当意外；我被告
> 知缺少经验。最重要的是，我缺乏某个政党或革命组织的
> 支持。我是无党派人士，无非只是个同情者，所以一位当
> 权者非常理智地告诉我，"你做一个打字员可以比做带机枪
> 的战士发挥更大的作用"。[16]

一旦拿起步枪为共和国政府战斗的梦想破灭，帕斯和埃琳娜·伽罗就不得不思考他们如何才能更好地支持西班牙共和国。在瓦伦西亚停留了几个星期之后，他们去了巴塞罗那。然后在

1937 年 10 月又向北挺进巴黎，显然希望获得签证去访问苏联。在等待签证的过程中，帕斯再次遇到阿莱霍·卡彭铁尔，塞萨尔·巴列霍和西班牙诗人米格尔·赫尔南德斯（Miguel Hernández）。米格尔·赫尔南德斯当时正代表西班牙共和国政府前去苏联参加戏剧节。作为诗人，帕斯赞赏赫尔南德斯采用流行民谣的形式来写诗。帕斯觉得这表明赫尔南德斯真正触摸到了西班牙最贫穷的乡村农民的脉搏。正如帕斯后来告诉法国作家克莱尔·塞亚（Claire Céa）的那样，第一次见面赫尔南德斯就给他留下了深刻的印象："我第一次看到这位西班牙的米格尔时，他正在吟唱一些流行歌曲。他是天生的低音歌唱家，这歌声就像是纯洁动物的吟唱。这是来自乡村的乡音，低沉得就像山谷里的回声或落入山沟的岩石。"[17] 作为男人，帕斯钦佩西班牙诗人的勇气以及他超越所有政治内讧对共和国事业始终如一的支持。1942 年，赫尔南德斯在佛朗哥的监狱中去世后，帕斯为他写过一段悲伤的墓志铭："在充满敌意的西班牙，他孤独地死去。他曾经在那里挥洒过自己的青春，现在却成为它的敌人，他曾经对那里有过无尽的梦想，现在却成为它的对手。让其他人去诅咒杀死他的刽子手吧；让其他人去分析并研究他的诗吧，我只想向他的名字致敬。"[18]

年轻的墨西哥夫妇从未真正去过苏联。在欧洲呆了 6 个月后，他们于 1937 年底返回墨西哥。回国途中，帕斯写过一首意味深长的诗向西班牙和它的战争告别。诗的题目是《船》（后来更名为《苍老》）。很显然，这首诗写于他乘坐的船与另一艘运载逃离西班牙的难民的船只相遇之时。尽管充满了酸楚，但是 1941 年版的诗作结尾处却许下了这样的诺言，即他们的牺牲至少可以给诗人带来救赎。

> 在那里我认出了他们
>
> 在那里我含着泪水，
>
> 用燃烧的名字为他们命名，
>
> 我融入了他们
>
> 并获得了拯救。[19]

　　回到墨西哥后，帕斯继续努力鼓励人们支持西班牙的事业。他举办讲座、组织活动并撰写文章以支持共和国。1938 年 7 月，为了纪念反佛朗哥斗争两周年，他出版了由他编辑的第一部文集，其中收录了九位西班牙爱国诗人的作品，时间跨越三代。诗人在引言中再次重申了他的信念，即诗是一个民族所能拥有的最深刻、最有意义的表达方式。他还在引言的结尾宣称："西班牙现在在和我们说话，它又一次在诗人的声音中，在悲剧和不公之中，发现了它与人民最生动最亲密的交流。"尽管他亲眼见证了西班牙上演的所有政治诡计，但是帕斯终生都坚持，西班牙人民对 1936 年 7 月佛朗哥叛乱的响应是人类渴望自由的光辉典范。对于帕斯来说，以自由的名义进行的反叛也反映了诗本身的诞生。诗是在日常生活忽略了人类对自由和爱情的基本需求之时，人们对生活强加在自己身上的种种限制和妥协的反抗。1951 年 7 月，他在巴黎支持西班牙共和国的会议上所表达的看法十分具有代表性。

1936 年 7 月 19 日发生在西班牙的事件自此以后从未在欧洲再出现过。人民在没有领导人、没有代表或没有代理人的情况下掌握了政权……在那些日子里，革命行动是自发的，人民自发地担负起领导者的责任，这些连同斗争的成效，清楚地表明了那些声称领导并指引着革命方向的意识形态的失败。[20]

同一年，也就是 1938 年，帕斯开始为墨西哥当时最有影响力的文学杂志《诗作坊》(*Taller de poesia*) 撰写文章，后来还参与该杂志的编辑。在一篇很可能是由他执笔的第二期的社论中，杂志的编辑确立了与早期《同时代人》团体保持距离的立场，坚持诗必须走出自我，从周围日常生活发生的事情中提取诗意，以实现诗抚慰心灵、凝聚人心的目的。同时，就像《西班牙时间》团体一样，一个名为《车间》的团体也拒绝听命于任何政党路线，并坚持以公开的方式来讨论政治问题。在帕斯看来，诗是生活经验的一部分。诗的最高境界意味着与世界的沟通。这种沟通只有在真爱出现的那一刻才能得到最好的实现。"爱就像诗一样，试图将人类从分裂和敌对的状态中重新拯救出来。"[21]

到了 1939 年，帕斯在西班牙结识的《西班牙时间》成员的许多作家流亡到了墨西哥（这大多是因为帕斯努力的结果）。他们之中，有吉尔－阿尔伯特和玛丽亚·赞布拉诺 (María Zambrano)。为了回报在西班牙时他们对他的支持，通过用《诗作坊》的大量篇幅刊登了他们的作品来欢迎他们。因此，1930 年代末这本杂志成为了最能体现两大洲的西班牙裔文学写作状况的刊物。然而，不是所有的墨西哥人都非常乐意看到越来越多的西班牙作家与知识分子在共和国最终被击败后涌入墨西哥。狭隘的民族主义者对于这些作家大量涌入国内的反应是攻击《诗作坊》，因为它给了外来作家太多空间，以致损害了墨西哥本土作家的利益。这种做法加剧了帕斯生活的危机。这场危机表现在许多方面。一方面，他很快就因要应付来自狭隘民族主义者的攻击而变得憔悴不堪。另一方面，他要与自己的政治信仰做斗争，开始怀疑墨西哥、西班牙和其他地方爆发的马克思主义革命是否有助于人类实现更高程度的团结。

与此同时，他的诗正在经历一次痛苦的转变。到目前为止，他的诗主要分为截然不同的两类：一类是非个人化的社会声音，但却因为他对革命可能性的疑虑而难以为继；另一类是热烈的爱情诗，也因为他意识到了绝对的爱与现实中无常的爱之间存在的差距因而不得不重新定义。帕斯现在已近三十岁了，而且面临着巨大的经济压力。他从未完成大学学业，因此不可能奢望在大学里找到工作。他也没有法律执业资格，而且对这职业也不感兴趣。结果，他不得不从事所有生活窘迫的作家在任何一个国家通常都会从事的荒谬工作。由于朋友的帮助，他在墨西哥银行系统获得了一份当督察的工作。他的主要任务之一是监督旧纸币的清算与焚烧。所以正如他后来曾经苦涩地评论过的那样，每个月都有数百万比索经过他的手，但它们对他来说没有任何用处。另外他还仍然受聘于教育部为小学教师做讲座，但却似乎从来没有想过自己要重新走上教学岗位。他从事的另一个工作是为新兴的墨西哥电影制片厂编写剧本。他甚至尝试过歌词创作。当时有一部电影叫做《背叛》（*El Rebelde*），其中一个留有八字须的人物叫豪尔赫·尼格拉特（Jorge Negrete），是上世纪 40 年代墨西哥人的偶像。帕斯曾经为这个人物写过歌词。

> 我凝视着你
> 即使我闭上双眼
> 我用我叹息的枷锁
> 将你囚禁在我的胸前 [22]

此外，帕斯还在《流行报》报社找到了一份工作。这份报纸由有政府支持的墨西哥工会联合会（the Confederación de Trabajadores Mexicanos）主办，因此在政治上或许更接近官方立场。除了撰写文化报告和评论外，他还撰写新闻报道的文章。1939 年 8 月，共产党采取了支持德国和苏联之间签署互不侵犯条约的基本立场，报纸与之保持高度一致。然而对此，帕斯却表示强烈反对。在他看来，报纸的这一立场有再次屈从于政党指令的危险。他很快就停止了合作，虽然他的确还在为文学杂志和《新报》（*Novedades*）周刊继续写文章。这些文章主要是关于墨西哥的生活，后来以《孤独的迷宫》为题在 30 年代末出版。1939 年 12 月，在他们第一个也是唯一的一个孩子劳拉·海伦娜·帕斯·伽罗（Laura Helena Paz Garro）出生后，他鼓励妻子埃琳娜·伽罗成为了一名记者（见他的献诗《尼娜》[23]）。他们一家三口住在墨西哥城中心的一个公寓里。后来，这里逐渐成为了生活在首都的年轻墨西哥人和流亡的西班牙作家聚拢和活动的中心。

　　1941 年，另一本诗集《石与花之间》（*Entre la piedra y la flor*）出版了。[24] 这个扩展了的诗歌序列中的诗作大多写于四年前他在尤卡坦生活时。而且，正如他早期的许多作品一样，这些诗反映的是帕斯已经抛弃的思想和价值观。诗集初版从马克思主义的观点出发谴责了剑麻种植园主对工人的剥削（20 世纪 70 年代该诗集再版时诗人做了很大修订，因为此时帕斯已经否定了对他来说政治意图过于明显的诗）。农民的劳作与诗人及他的任务几乎可以等同，因为两者都是被资本主义世界否定了的价值。顾名思义，诗作第一部分写的是农民往返于粗糙的石子地和种植园里的那些花朵之间的一生。这些花朵艳丽、性感，但是在剑麻的生命周期中只盛开一次。诗作第二部分重点关注诗人对周围人艰难生活的反应以及因此而产生的怜悯与愤怒之情。诗作第三部分着眼于描述植物如何变成商品，并成为不公正的资本主义制度的一部分，而这种制度在尤卡坦这样的地方表现得尤其"野蛮"。诗作结尾重新批评了资本主义制度，并将之与农民那种张扬生命价值的传统和态度进行了对比。在谈论《文集》收集过程的的注解中，帕斯说他写作这部诗集的主要目的是要"揭示这样一种关系，这种关系就像是死结一样将农民具体而微的生活与客观抽象的资本主义经济制度捆绑在了一起。"[25]

> 龙舌兰
>
> 是白色和赭色的土地上
>
> 几何学里的绿色课程
>
> 农业，商业，工业和语言。
>
> 它是长而尖的植物和须根
>
> 它是交易所里的股票和符号。
>
> 它是人类的时间，
>
> 正在积累的时间，
>
> 正在崩溃的时间。[26]

诗的结尾表达了"终结所有一切"的希望。但总的来说，这部作品不像他之前的西班牙社会诗那样尖锐。这很可能是由于这首诗主要源于诗人的直接观察。而通常情况下，因为帕斯的诗经常是从一个具体情景开始，而后进入到更加深入的哲学思考。该卷诗集没有获得广泛的关注，但是有一位评论家（何塞·路易斯·马丁内斯）对它十分赞赏："这本书展示的既不是风景如画的墨西哥，也不是作为革命发生地的墨西哥，而是墨西哥命运的永恒与艰难。"[27]

到《石与花之间》出版之时，帕斯已经不再相信自己国家会爆发革命。20世纪30年代初拉萨罗·卡德纳斯充满生机的统治秩序已经被革命的"制度化"进程和延续近六十年之久的权力结构所取代。共和国西班牙发展成革命社会的机会被佛朗哥的法西斯主义永远地碾碎了。法国和其他欧洲自由民主主义国家也遭到法西斯势力的威胁。即使是革命后的苏联政权也无法为帕斯探索建立一

20 世纪 30 年代早期，
尤卡坦的剑麻种植园。

个以团结为基础的墨西哥社会提供答案。尽管如此，此时的帕斯
仍然相信马克思主义提供了政治解决的方案。或许正是因为这一
信念，他才避而不见法国超现实主义领导者安德烈·布勒东（André
Breton）。当时布勒东已经拜访了 1937 年流亡墨西哥的与苏联政
府持不同政见的革命家托洛茨基（Leon Trotsky）。自 20 世纪 30
年代初以来，布勒东一直坚持左翼阵营必须为苏联共产党指定的
僵化马克思主义找到替代物。超现实主义运动因此分裂为两个阵

营，阿拉贡和其他人倾向于认为由法国共产党定义的政治斗争比"超现实主义革命"更重要。到了30年代末，布勒东在法国开始越来越孤立，而超现实主义不盲从的独立精神被认为是其拒绝为自由而战的表现。不只是共产主义者持有这种看法。"布勒东是一个臭名昭著的托洛茨基主义者，而托洛茨基对于我们来说是一个被诅咒的人物。"[28] 但是帕斯受到超现实主义政治和文学的影响是十年之后的事情了。1940年，他在回应一份名为《浪漫》的杂志所做的对于超现实主义运动态度的调查中写道："超现实主义所做的仅仅是继续浪漫主义所开始的事情；在被温和的缪斯女神——语言的缪斯——抛弃后，现在它已经变为文献资料；换句话说，它变成了陈词滥调。"[29]

此后不久，另一位挑起争端的文学人物再次出现在帕斯的面前。他就是1941年被任命为智利驻墨西哥的总领事巴勃罗·聂鲁达。起初帕斯显然十分喜欢参加这位智利人举办的热闹聚会。但两人之间很快就产生了矛盾。这一矛盾源于另一册帕斯以西班牙语写成的现代诗集《桂冠》。这是帕斯与当时住在墨西哥的来自《西班牙时间》文学团体的西班牙朋友合作编辑的一部诗集。聂鲁达和西班牙流亡诗人莱昂·菲利普（León Felipe）都不同意诗集中其他诗人的政见，因此拒绝自己的名字出现在书中。最后，诗集也没有收入帕斯自己的诗作。这个事情发生后不久，又发生了聂鲁达和帕斯互相攻击并且几乎斗殴的醉酒事件。聂鲁达1943年离开墨西哥时，帕斯曾经这样评价他："他的文学被政治玷污了，他的政治则被文学污染了。他的批评往往只是朋友之间的吹捧。结果是，人们很难看清到底是谁在说话：官员或诗人，朋友或政治家……"[30] 直到 20 世纪 60 年代末，两人才在伦敦达成和解。应该指出的是，虽然帕斯对这位智利诗人始终支持共产主义总是持怀疑态度，但是他认为聂鲁达是一个真正的诗人，尤其是那些与后来充满豪言壮语的诗作截然不同的早期作品，例如《土地上的住所》（*Residencia en la tierra*）。

在那几年里，帕斯在诗歌创作上收获颇丰：一本厚约 150 页的相当不错的诗集《世界之滨》（*A la orilla del mundo*）于 1942 年 8 月问世。[31] 诗集收入了许多先前已在其他小型版本中发表过的诗，同时还收入了一些新诗。这些诗首先强调了诗人创造的孤独本性。诗人必须探索他的内心世界，去寻找灵感闪现的时刻。这一时刻可以弥补那些在日常生活中被浪费的时间。不久，帕斯开始参加另一本重要杂志《浪子》（*El Hijo pródigo*）的编辑。这本杂志在许多方面都延续了《诗作坊》的风格；它的文章坚持放眼墨西哥之外的世界，并刊登了很多重要的英语或者法语文章的译文。杂志还反对所有试图控制艺术表现的政治企图：此时的帕斯以"清醒的批评"作为自己的战斗口号。人们通常认为杂志上的许多社论都是帕斯写的。这其中包括了第五期的社论（1943 年 8 月）："作家、诗人和艺术家不是工具。他们的工作绝不像许多人所认为的那样是盲目的导弹。打败希特勒和他所代表的一切邪恶的事物的唯一方式是在文化领域恢复批评和谴责的自由……"[32]

正是在《浪子》杂志上，帕斯发表了他对于处于瓦解世界里的诗歌写作可能性的最新评论。这一论文的写作源于流放诗人何塞·贝尔加明所组织的一系列纪念神秘诗人圣·胡安·德·拉·克鲁兹 (San Juan de la Cruz) 诞生四百周年的讲座。在论文《孤独的诗和交流的诗》中，帕斯认为，诗除了决不能服从权威，必须始终"持有不同意见"，在通往世界的方式上与宗教是相似的。[33] 接着他将 16 世纪圣约翰 (Saint John of the Cross) 所生活的和谐世界与 17 世纪诗人克维多的世界进行了比较。他认为后者的情况更接近当代作家的状况。也就是说，当代作家基本上是孤独地在世界上探寻着意义，而这个世界既没有为他提供容身之处，也不肯定他工作的价值。虽然帕斯认为马克思是现代历史上最深刻的思想家，但是他也总结道，无论政治革命的基础多么科学，诗学反叛与政治革命的本性不同。论文最后以一系列醒目而错误的诗意预言作结。这些预言包括了"将烦恼与爱情混为一谈的色情狂"、"迂腐的驼背先生"、"新天主教徒"、"民族主义鹦鹉"和"仅仅因为大声喧闹醉酒闹事就认为自己是革命者的罪犯"：通过这种方式，失望的年轻诗人批判了第二次世界大战来临前夕墨西哥文学界的乌烟瘴气。

到了 1943 年下半年，也就是他 30 岁生日之际，形势变得很明朗，那就是帕斯急需摆脱他在墨西哥陷入的困境。除了政治和文学的论争以及因此产生的失望情绪外，他还在为入不敷出的经济状况苦苦挣扎，他与妻子的关系也岌岌可危。写于 1943 年的《陌生人》(El Desconocido) 透露了这一觉醒的信息："在他的嘴里，另一张嘴里的鲜红石榴尝起来就像更苦涩的怨恨。"[34] 为了逃避接二连三的困难和变故，当时仍是在籍学生的帕斯申请了古根海姆奖学金前往美国研究"美国和它的诗意表达"。1943 年 11 月，帕斯丢下妻子和女儿独自一人乘坐灰狗巴士去了加州。虽然他在美国居住的时间不到两年，但是这次出行他在国外呆了将近十年之后才返回墨西哥。在远离祖国的这段时间里，帕斯创作了他最著名的作品《孤独的迷宫》[35] 以及许多意味辛辣的诗。在简短的自传体素描《人生旅程》中，他描述了自己从美国学到的最重要的教训：

在美国，我曾欣喜若狂过，也曾情绪低落过。我不知疲倦地阅读美国和英国诗人的作品。由于有他们做榜样，我开始用西班牙语写诗，摆脱了当时仍然窒息着西班牙和拉丁美洲年轻诗人的花言巧语。总之，我觉得自己获得了新生。我从未觉得自己这么有活力。战争正在进行，美国人民正在经历美国历史上最伟大的时刻之一。在西班牙，我面对死亡时曾经拥有过兄弟般的情谊；在美国，我发现了生活的温暖。[36]

第三章

新的启程，1943—1953

　　1943 年，帕斯急切地抛下了所有的个人问题和墨西哥国内的文学纷争，只身来到美国。这是他第一次在墨西哥之外的美洲大陆长期逗留。他由此获得了在 20 世纪中叶观察自己国家和同胞个性的宝贵视角。此外，他的诗还反映了自己写作上的压力。在诗里，他仍然试图找到一种令人信服的有效方式，既能够与周围的世界联系在一起同时又不会以欺骗为代价，更不必放弃自己的人格尊严。在诗歌形式上，他正在寻找新的更简单的方法来表达尚未被西班牙的传统修辞所束缚住的情感和思想。很显然，在这些年里，尽管他仍然相信诗的价值，但是他已经不那么确信自己的声音及其所具有的诗学价值。他曾经认为自己的离开是一次探索："为了什么人探索或探索什么？为了墨西哥或者为自己而探索，也许是为了找到墨西哥的某个地方：一个属于我的地方。或者是墨西哥在我心里占据的那个地方。我带着陌生感和问题开始游历：我是外国人吗？或者我称之为我自己所拥有的这块土地是外国的土地吗？"[1]

　　帕斯抵达美国后，首先在他年轻时呆过的洛杉矶住了一段时间。[2]据他后来在《人生旅程》中所言，[3]虽然当时年纪很小，但是他已经感觉到自己在盎格鲁·撒克逊的世界里完全是一个局外人。而现在让他感到最震惊的是，虽然大量墨西哥移民在西海岸

帕斯作为墨西哥外交官时
初次拍得诸多照片之一。

居住地留下了明显的印迹，但他们却显然没有成为美国文化的一部分。帕斯认为这些移民的困境在于虽然他们身在现代世界之中但却在某种程度上还没有融入其中。许多年后，他与朋友和同事恩里克·克劳兹（Enrique Krauze）在反思这个问题时说："我在他们当中认出了我自己。我告诉自己：'我是他们。当今时代，我的国家究竟遭遇了什么？因为他们身上所发生的一切正发生在我们所有人身上。'"[4] 由于有了在尤卡坦州和共和党西班牙有过六年的经验和教训，所以诗人似乎不再直接关注自己同胞在政治上的困境。在他的创作中，他没有提到他们为获得法律上的承认而进行的斗争，也没有提及许多同胞不得不置身其间的恶劣工作环境。现在他感兴趣的是从文化甚至神话角度来阐释他们在这样一个人类被异化的陌生世界里的存在。这是其代表作《孤独的迷宫》的出发点。[5]

离开洛杉矶后，帕斯去了旧金山和加州大学伯克利分校。在接下来的几个月里，他把时间和精力都用在了阅读英语诗歌上，而且读得如醉如痴。他不停地向那些被视为位于 20 世纪上半叶最为重要的诗人——叶芝、庞德、华莱士·斯蒂文斯、威廉·卡洛斯、E. E. 昆明斯、威廉姆斯，当然还有艾略特——学习。关于艾略特，他后来写道："现代人就是艾略特作品里的人物。他与所有的一切都格格不入，他只能在虚无中认出他自己。这是赎罪。人既不是一棵树，也不是一颗植物，更不是一只鸟。他是上帝创造的万物中那最孤独的一个。"[6]

帕斯在美国西海岸逗留了一年多。1944 年底，在古根海姆奖学金用完之后，他在墨西哥外交服务处找到了一份无足轻重的工作，担任出席旧金山联合国首届会议的墨西哥代表团助理。然而，此时的帕斯仍然急切地希望自己探索的脚步走得更远，希望能去东海岸和纽约看看。就在 1945 年夏天第二次世界大战即将结束时，他到了佛蒙特州的明德学院（Middlebury College）教授西班牙文学。在那里，他与西班牙流亡诗人豪尔赫·纪廉（Jorge Guillén）成为了好朋友，并利用距离之便代表阿根廷文学评论杂志《南方》

前去采访了老一辈诗人罗伯特·弗罗斯特。在完成繁忙的教学任务之后，他到纽约度过了一个凄凉的冬天。不过，他常去参观博物馆和艺术画廊。这多少给他的生活增添了亮色。通过这些参观，他形成了自己对当代艺术的最初看法。但是，他把更多的时间花在了电影上，将米高梅（Metro-Goldwyn-Meyer）公司出品的电影翻译成西班牙文（这得归功于流亡纽约、令人闻其名而色变的无政府主义者、西班牙牧师帕德雷·路宝）。据说，他甚至试图加入美国的商船队，到各地旅行，但也可能是想再次逃回欧洲。

　　然而，1945 年底对于他的职业生涯来说是一个转折点。颇具讽刺意味的是，这一转折点的出现主要是因为他父亲的一位亲密朋友弗朗西斯科·卡斯蒂略·纳赫拉（Francisco Castillo Nájera）。纳赫拉刚刚被任命为墨西哥外交部长不久，他为帕斯谋取了一份担任纽约领事馆三等秘书的职位。与此同时，帕斯再次获得了教授西班牙语的机会。显然，考虑到外交职业更加稳定，帕斯选择到墨西哥外交部工作。在接下来的 23 年里，他一直在外交部任职。这位年轻的革命者、这位眼睁睁地看着墨西哥的革命希望被 20 世纪 40 年代的官僚政治扼杀的男人，忠诚地为墨西哥政府工作了二十多年。正如他的密友、勤勉的传记作者吉列尔莫·谢里登（Guillermo Sheridan）所言："他逐渐成为墨西哥新的中产阶级的一员，他们把握住了国家急需外交、外贸和公共管理人才的机遇。"[7] 帕斯后来辩解说，他不认为在坚定维护作家的反叛者角色与代表墨西哥的官方立场之间有什么冲突之处。他相当同情政府的外交政策，而革命制度党政府在墨西哥国内的作为却是另一回事。

1945 年，奥克塔维奥·帕斯在纽约中央公园。

这些作为最终导致他在 1968 年辞去外交职务以示抗议。

帕斯在美国逗留期间所写的诗作一如既往地反映了他在政治和道德上的游移状态。这些诗后来被收入诗集《开向田野之门》（*Puerta Condenada*）。诗集本身作为《假释的自由》（*Libertad bajo palabra*）的一部分于 1949 年出版，[8] 诗人之后还对之屡次进行修改。诗集中的《应征入伍》或《下午七时》等诗作显示了诗人对叙事和日常生活戏剧新的兴趣，同时又描述了现代城市里的孤独和真正价值的缺失。同艾略特以及拉法格（Jules Laforgue）和波德莱尔的诗一样，这些诗是普鲁弗洛克的领地，里面居住着怯懦的被传统束缚的生物，他们在冷漠的城市里竭力维持自己的生计。与此同时，在《应征入伍》这样的诗作中，帕斯还吸收了他所听到的周围人谈话的只言片语：诗在某种程度上不得不承载并超越生活的原貌。在其他诗中，帕斯则重新运用传统十四行诗的形式来表达现代人精神上的空虚。这一点尤其体现在诗作《城市的曙光》里描述的灰尘扑面的城市中那些没有灵魂的街道：

> 在已经远离我的海滩上，
> 我触摸到了内部正在进行的破坏
> 我感到骨灰和虚无正雨点般
> 从变暗的正在坍塌的天空落下

然而，最有力地表达了帕斯40年代中期那种痛彻心扉的绝望的是诗集《假释的自由》中的那节长诗《灾难与奇迹》（*Calamidades y Milagros*）。1944年写于伯克利的《午夜独白》（*Soliloquio de medianoche*）谈到了他的个人信仰以及这些个人信仰的意义被掏空的过程。对于此时的帕斯来说，即使是有着无限可能性的神奇而纯洁的童年也毫无意义。他发现自己再也无法参与到那些赋予他人生命以意义的活动中：参与革命行动并直面其中的危险，或者是在"遥远的战斗前线"为自由而战。在诗作最后，他阐明了自己的看法：所有的一切都只是一个没有结果的梦，而且无人能够逃脱。

　　所有这些作品都非常不同于帕斯在 20 世纪 30 年代写作的社会抗议诗与爱情诗；这些诗谈到了孤独、绝望以及对于诗可以改变一切的怀疑。帕斯意识到此时的他正在试图尝试不同的主题。然而，1945 年底被派往墨西哥驻巴黎的大使馆工作时，他的这股写作热情就冷却下来了。他在 1982 年写给加泰罗尼亚语诗人佩雷·吉姆费雷尔 (Pere Gimferrer) 的信中曾经回顾过自己在美国度过的日子："我没有接着再写那些诗。我是一个无法充分表达自我的诗人。"[9]

　　逗留美国的这两年时间对帕斯的影响十分深刻。他从来不赞同作为墨西哥"进步"知识分子主要特征之一的反美情绪。相反，他对美国社会拥抱现代性的方式印象深刻，并且越来越深刻地感受到当前的美国社会与墨西哥社会之间的不同。与墨西哥在地理和心理上的距离帮助他从另一个角度审视自己的祖国。他不仅开始反思成为墨西哥人的意味，而且也开始反思墨西哥在世界上和历史上的地位。这些反思的结果就是 1950 年出版的《孤独的迷宫》。然而，在此之前他重返欧洲时，发现自己面对的是另一种现实。正如他曾经准确地预测过的那样，当时欧洲的情况是，当年的西班牙内战如今看来不过是令人感到更痛苦和绝望的反法西斯斗争的序幕。

　　帕斯 1945 年 11 月返回时看到的巴黎已与十来年前那个他无比热爱的城市截然不同。其间，法国在希特勒的军事打击下惨遭失败，紧接着法国人民多年承受着由于占领、绥靖和抵抗而导致的分裂的痛苦。物质的匮乏和残酷的饥荒随处可见：战争在全国各地造成的毁坏十分严重，法国国内的气氛也很不乐观，骄傲、希望、羞耻和绝望等种种情感交织在一起。第三共和国的大厦已经坍塌，留下了一个政治权力的真空。两股主要抵抗力量为权力而斗争：一方是忠诚于法国共产党的战士，另一方是夏尔·戴高乐将军的拥护者和他的"自由法国"军队。戴高乐将军在战后立即实行了严格的政治控制，因此平民暴力逐渐消失。莫斯科则建议法国共产党交出武器。对于帕斯来说，巴黎的形势不仅让他想起了 20 世纪 30 年代初的墨西哥——当时他参加了年轻人就如何深入革命并且真正实现社会主义这一话题展开的所有辩论，而且也让他想起了 1937 年他在西班牙时的经历。在战争的直接后果中，作家和知识分子在反思历史并展望美好未来的努力中起着关键的作用。他在《文集》（*collected works*）中回顾了当时智性思考的热烈氛围，并感到自己在其中如鱼得水。

> 我积极参与了哲学和政治辩论。当时的气氛极其活跃：到处充满了对思想和智性逻辑的激情……很快我就和那些与我有着相同智性和美学爱好的人们成了朋友。我可以在大都会的气氛中自由地呼吸：我不是从那里来的，但是我感到那里就是我智性的家园。[10]

但是，文学和智力的辩论自他早期那次访问欧洲起就未曾间断。由诗人和画家发起的超现实主义运动内部已经分裂，并因二战的爆发而进一步恶化。一些成员或之前的支持者留在巴黎并参加了抵抗组织；其他人在试图逃脱纳粹的迫害时遇难，而安德烈·布勒东和许多画家则选择在战争年代移居国外。和帕斯一样，布勒东在超现实主义内部冲突结束后不久就回到了法国。但是，此时，在年轻的一代人中却产生了一种新的取代了超现实主义的文学运动：这就是存在主义。与早期运动类似，存在主义在短短几年之内对所有人的所有方面都产生了影响。但是，在战后岁月里，它是对自1939年至1945年间法国经验所抛出的那些难题的回应：自由、直接行动的道德性、善恶之间的斗争以及人类生活的意外等问题。这场运动的领导人，让·保罗·萨特（Jean-Paul Sartre），西蒙娜·德·波伏瓦（Simone de Beauvoir）和阿尔伯特·加缪（Albert Camus）是长篇小说家、短篇小说家，同时也是剧作家，但却不是诗人——这一点他们和超现实主义者不同。可能是因为当时人们普遍不信任任何形式的修辞，法国的文学氛围似乎已经开始朝着不利于诗的方向发展。

　　萨特和加缪是存在主义的代表人物，他们两人之间的争辩在许多方面都让帕斯想起了他在西班牙的所见所闻。萨特坚持认为，个人自由只有在成为更广阔政治斗争的一部分时才是有意义的，并且在马克思主义关于个人反抗的理论中看到了希望，认为它会为一个政治上和道义上都已经被证明破产的社会带来革命性变化。阿尔伯特·加缪则没有这么公开地表露自己的政治倾向。他将自己对未来的希望建立在个人反抗的基础上，认为个人反抗可以使人们以相同道德价值观为基础团结起来，并引发真正的政治变化。除了写作小说之外，萨特还试图将存在主义纳入到那些可以追溯到19世纪曾被激烈讨论过的德国理性哲学家的哲学轨迹中，以便在一个时间占统治地位的冷漠世界里界定人类的身份。相反，加缪更喜欢从自己过去广泛但没有系统的阅读中为写作文学性的散文寻找灵感。他于 1942 年已经出版了《西西弗的神话》(*Le mythe de Sisyphe*)，同时还在写另一篇长篇论文《反叛者》(*L'Homme revolté*)。这篇论文在这位墨西哥诗人的心中产生了强烈共鸣。和帕斯一样，加缪对西班牙以及推翻佛朗哥并恢复共和国的可能性也十分感兴趣。实际上，两人 1946 年在一次纪念 1939 年惨死于法国南部流亡途中的西班牙诗人安东尼奥·马查多的追悼会上曾经见过面。加缪出生于法属殖民地阿尔及利亚。因此，和帕斯同墨西哥的关系一样，他与法国和法国文化也有着十分复杂的关系。帕斯最为钦佩的是加缪在道德上的诚实，因为这种诚实是建立在承认人类存在的"荒谬"、并拒绝转向宗教、政治甚至艺术以寻求简单解决方案的基础之上。

对于帕斯来说，这两大思想阵营之间辩论的关键时刻出现于 1949 年。大卫·胡塞 (David Rousset) 是纳粹集中营里的一名法国囚犯。1946 年他曾在引人注目的《集中营世界》(*L'univers concentrationnaire*) 一书中描述了他在纳粹集中营的经历。紧接着 1949 年，他又以同样严厉的措词谴责了苏联的劳改营系统，并在国际社会发起了反对这一系统的抗议运动。由于当时正处于冷战高潮，所以他的反苏态度在激进的法国群体中引发了巨大的愤怒：萨特和阿拉贡声称大卫·胡塞为"帝国主义间谍"。包括帕斯在内的其他作家纷纷被迫表明自己的立场。和以前一样，帕斯反对这样的看法。在他看来，"进步知识分子"不能因为苏联"客观上"没

超现实主义风格的奥克塔维
奥·帕斯，1949 年摄于巴黎。

有资本主义制度那么残暴就一定要支持苏联。在西班牙时，他曾
谴责过那些利用自己在政治上的忠诚而掩盖事实真相的人。这使
得他再次与聂鲁达等诗人和其他正统的马克思主义作家疏远开来。
帕斯翻译了大卫·胡塞的部分文章后，发现它们不能在墨西哥公开
发表。最后他把这些文章投向了极有影响力的阿根廷杂志《南方》，
并于 1951 年得以发表。帕斯从大卫·胡塞事件的启示中得出一个
悲观结论，即"苏联劳改营的问题让人质疑俄罗斯国家的真正历史

意义和它是否能在维护工人阶级的前提下解决资本主义的社会矛盾。"[11]

虽然帕斯欣赏这一时期的加缪、罗杰·凯洛依斯（Roger Caillois）和其他法国作家，但是这位墨西哥作家却觉得自己在精神上与超现实主义"教皇"安德烈·布勒东最为接近。早在20世纪30年代末，帕斯就已经对布勒东与托洛茨基在墨西哥的会晤保持警惕，但是现在他却开始赞赏这位法国诗人，赞赏他对权威的本能的排斥、对建立在欲望基础上的个人自由的拥护以及对政治权威与生俱来的怀疑精神。就诗而言，帕斯赞同布勒东的观点，认为诗中意象具有在最基本的层面上表达不同现实的力量。同时，他还认为诗不是一个形式问题，而是对于生活的一种道德立场。本杰明·皮赫特（Benjamin Péret）战争年代曾经在墨西哥呆过一段时间，并且翻译过帕斯的一些诗。正是他将布勒东引荐给了帕斯。由于志趣相投，帕斯和布勒东很快就成为亲密朋友。这位法国作家对帕斯的影响不仅表现在帕斯访问巴黎的那段时间，而且贯穿于他之后的写作生涯。这种影响如此之大，以至于布勒东去世时，帕斯这样写道："我在写作时常常觉得自己是在和布勒东进行无声的对话；有时反驳他，有时回应他，有时与他不谋而合，有时与他产生分歧，有时向他致敬——所有这一切都包含其中。"[12]

与此同时，帕斯还与居住在战后巴黎的庞大拉美文学圈重新恢复了联系，特别是古巴小说家阿莱霍·卡彭铁尔（Alejo Carpentier）、阿根廷作家阿道夫·比奥伊·卡萨雷斯（Adolfo Bioy Casares）、年轻的秘鲁诗人布兰卡·瓦雷拉（Blanca Varela）以及她的丈夫、画家费尔南多·德·西斯罗（(Fernando de Syszlo）。此外，他还与流亡的西班牙电影制片人路易斯·布努埃尔继续保持着良好的友谊。布努埃尔 1946 年曾定居墨西哥，1949 年加入了墨西哥国籍。1951 年，帕斯曾陪同布努埃尔去戛纳电影节，以帮助宣传他的电影《被遗忘的人们》（Los Olvidados）。这部电影后来成为布努埃尔最著名同时也是最受人赞赏的电影之一。然而在当时，由于它尖锐地刻画了那些在革命后被挤到了墨西哥社会边缘的人物，因此遭到了墨西哥政府的封杀。尽管帕斯是政府官员，但是他在放映《被遗忘的人们》的影院外为布努埃尔进行了有力的辩护。虽然他没有被制裁，但是很可能正是因为他的这次举动和他对西班牙共和国直言不讳的支持（1951 年 7 月的一次纪念活动），墨西哥外交部官员作出了让他尽快离开巴黎的决定。

巴黎的智性生活给了他许多启发，同时，无论是布勒东和其他的超现实主义成员，还是阿方索·雷耶斯（Alfonso Reyes）等拉美文学朋友在他回国后都热情支持他，这些都激励着帕斯继续从事文学创作，尽管当时的他对文学创作的价值已经有所怀疑。事实上，在上世纪 40 年代结束时，他已经完成了三本著作。它们不仅仅是他所有作品中的精华，而且对 20 世纪下半叶的墨西哥和西班牙裔文学也有着同样的意义。这三本书分别是 1949 年在墨西哥出版的诗集《假释的自由》[13]、1950 年出版的随笔集《孤独的迷宫》[14]和 1951 年问世的散文集《鹰还是太阳？》。[15]

《假释的自由》初版收入了 74 首诗。按照其一贯的做法，帕斯经常反复阅读自己的文集，在这里改动几行，在那里删掉几行，或者添上几首新作。1960 年版的《假释的自由》表达了他所有诗作的共同主题，既"主题、色彩、节奏、语调或气氛的亲密融合。"恩里科·马里奥·桑蒂（Enrico Mario Santí）在谈到 1949 年版的诗集（最初题目是 *Todavía*，意为"仍然"，或"还"。尽管作者称1942 年版的那部诗集已经让他饱受痛苦，但是他依然笔耕不缀）的形式时认为这是一部三部乐章奏鸣曲：中间部分是欢乐的快板，而开始和结尾则相对低沉暗淡。[16] 正如诗集题目所示，帕斯在这里关注的是诗歌语言如何能够让人获得自由：它是实现自由的一个必不可少的手段。但是，顾名思义，诗给予人的自由是暂时的。到目前，诗人帕斯已经不再相信革命、马克思主义或其他方式可以带来个人或者集体的自由。就像布勒东告诉他的那样，这个出发点必须经由个人良心的解放并经由艺术的表达才能实现。以此为例，诗人或许可以让他人在读诗时获得瞬间的解放。要做到这一点，诗人必须如帕斯在《淤泥之子》(*Los hijos del limo*) 中所说的那样，在"内在和外在重合的语言的区域进行创作"。语言及其所提供的自由的可能性"既是上天的赋予，也是我们自己的创造……"[17]

帕斯对于诗的这一观点在 1948 年写于那不勒斯的长诗《"废墟"中的颂歌》(*Himno entre ruinas*) 中表现得更为明显。在这首诗中，出于自己对口语和并列叙述试验所产生的兴趣，帕斯将四种不同的声音并置在一起，由此创造出了一个被他称为"独特的空间：诗的核心声音"。[18] 尽管处在废墟的包围之中，尽管诗人心中充满了无尽的隔离感与孤独感，但是诗作最后几行却成功地证明了语言和诗的价值："人，意象之树 / 语言是花朵，花朵是果实，果实是行动"。

帕斯 1948 年之后写的另一首重要诗作是献给萨德侯爵的《囚犯》(*El Prisionero*)。因为竭尽全力地守护着性与政治上的自由，所以这位 18 世纪的法国哲学家被布勒东和其他超现实主义者认为是超现实主义运动必不可少的先驱之一。阿维尼翁附近萨德的拉科斯特城堡是他们最喜欢去拜访的朝圣之地。帕斯似乎也去过那里，因为有记录表明这首诗是在阿维尼翁创作的，并且其中还有关于这座城堡的描述。然而，帕斯关于萨德的阐释比布勒东更加详细。在肯定了萨德之于 20 世纪持久的重要性之后，帕斯最后得出的结论是，萨德对情欲的推崇导致他受困于一个四面是镜子的大厅之中："一个受困于你的水晶城堡中的囚犯。"这是一个他无法逃脱的监狱，因为这完全是一己的探求，其他人都被排除在外。对于帕斯来说，真正重要的是情欲超越个人偶然性的能力：正如他在这首诗中所说："只有在我的同伴中我才能超越自己／只有他们血液的存在才能证实另一个人的存在。"然而，与此同时，帕斯在这些流动的长诗中也意识到萨德对自我的这种迷恋也是他自我伪装的一部分。虽然这首诗在结尾处告诫人们要有勇气意识到"自由是必然的选择"，但是最后一行再现了萨德那张在"钻石城堡"中不断溶解、不断变形的面孔。

由于远离墨西哥，所以帕斯在探索法国文学和哲学传统的同时，还常常抽身去思考关于墨西哥的身份及其在世界上的位置这样的问题。虽然这一主题在许多诗里出现过，但其首次出现却是在《孤独的迷宫》那些相互衔接的散文系列中。这本书的写作有几个思想来源。20 世纪 40 年代初还在墨西哥时，帕斯已经开始为当地的《新报》(*Novedades*) 撰写每周专栏。虽然许多文章都与当时的政治和文化有关，但是有些文章也从多方面反思了墨西哥的历史和身份。此外，正如我们已经看到，在美国西海岸看到的同胞们的所作所为也让他猛然意识到了墨西哥特性的存在。正如他在《孤独的迷宫》所反映的那样，在正统的英国式的环境里，穿着花俏西服、梳着奇异发型的墨西哥移民（今天被称为"帕丘卡"）十分显眼，因此马上就能被人辨认出来：

> 墨西哥性格——爱好打扮、懒惰和艳丽的服饰，不修边幅、激情和保守——在空气中漂浮。我说它漂浮是因为它与追求精确、崇尚效率的北美世界难以相容。它漂浮，但是不抵触外来文化；它盘旋，移动，有时像云朵一样被撕开，有时像攀升的火箭一样直上云霄。它爬行、退缩、扩张、收紧、休眠或者进入梦乡，就像彩车里的一位美人。它漂浮：从未完全诞生过，或曾完全消失过。[19]

这篇摘录表明帕斯关于孤独的文章是属于诗而非历史记录的范畴。他对墨西哥人性格的观察融合了诗意的洞察力、生动的意象和包罗万象的概括。与萨特或加缪不同，他不是在为人类的存在撰写专题论文；相反，他集中论述的是墨西哥人身份在现代世界的深层含义。1972 年，帕斯告诉西班牙作家朱利安·里奥斯（Julián Ríos），《孤独的迷宫》的创作灵感的另一个来源是他在 1940 年代中期试图写的"墨西哥人的"小说。其触发点似乎是劳伦斯那部以墨西哥为背景的小说《羽蛇》。小说主人公们努力想要理解对他们来说完全陌生的墨西哥土著居民和混血文化。帕斯试图从一个更地道的墨西哥人的角度来写一部重新界定墨西哥人性格特点的小说，但是正如他向里奥斯解释的那样，他一直没有出版自己的这部作品："这是劳伦斯作品的仿作，所以我决定销毁它……我直接销毁了它，因为这些人物的谈话就像迷宫（El laberinto）一样；我意识到唯一有趣的事情是这些人物谈话的内容。"[20]

直到 1948 年底 1949 年初，帕斯才真正坐下来写这本书。毫无疑问，法国文学中从蒙田（帕斯这些年来阅读并推荐的作者）到加缪的"道德说教"传统是另外一股源泉。帕斯曾经阅读并且十分欣赏的论神话的书籍，诸如罗伯特·凯里奥斯（Robert Caillois）的《神话与人类》（*Le mythe et l'homme*）等对该书的写作也有影响。帕斯最集中写作这本书的时间是在 1949 年夏天。关于这一点，帕斯《文集》的引言中提到过：

> 这个城市已经被抛弃。我在墨西哥大使馆的那份工作无足轻重，基本上无事可做。距离帮了我一个大忙：我生活在一个远离墨西哥的世界，不再受国内阴霾的影响。星期五下午和整个周末都属于我。晚上也是如此。我急于完成这部小说，因此奋笔疾书，就好像书的最后一页有个启示正在等我去发现。我在与自己赛跑。我将在终点线上遇到的那个人会是谁呢？我知道问题，但不知道答案。写作成了一个充满矛盾的仪式，里边夹杂着热情、愤怒、怜悯和

痛苦。在写作的时候，我只是在报复墨西哥；然而很快，我
的写作就会反过来把矛头指向我，于是墨西哥开始报复我。
这是一个由激情和理性纠缠在一起的打不开的结。爱和恨
互相纠缠。[21]

　　《孤独的迷宫》是帕斯对以下两个问题的回答：首先，在革命
将墨西哥带入世界历史之后，作为一个生活在 20 世纪的墨西哥
人，墨西哥的国民身份意味着什么？其次，墨西哥对于这个世界又
意味着什么？该书题目里的孤独既指墨西哥由于历史的原因而与
其他国家相隔绝的孤独，也指存在主义的孤独。到 20 世纪 40 年
代末，帕斯认为这种存在主义的孤独是人类生存状况最本质的一
部分。书的前四章审视了墨西哥身份的不同方面。从居住在洛杉
矶的墨西哥人的遭遇到墨西哥男性对女性的态度，从马林策（La
Malinche，传说中西班牙征服者埃尔南·科尔特斯的口译者，在书
里被微妙地看做墨西哥民族的身份矛盾的母亲）开始一直往前追
溯到久远的过去。所有这些都说明了墨西哥人的"气质"中的孤独
成分。该书的后半部分是帕斯所说的对墨西哥历史"进行道德上
的批判性回顾"：前两章主要讲述西班牙人的征服和墨西哥的独立
斗争以及随之而来的墨西哥最终与其复杂遗产达成妥协的多年革
命岁月；后两章将墨西哥置于现代世界中，并试图在一个瞬息万变
的世界图景中界定 20 世纪、后革命时代的墨西哥人的身份。和往
常一样，帕斯对文本进行了大量修改，并于 1959 年出版了第二版
修订本。此外，第二版还添加了一篇重要的文章：《孤独的辩证法》

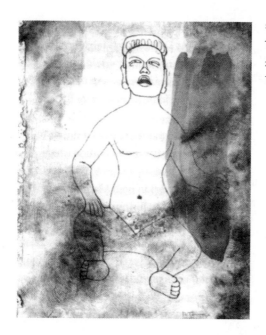

鲁费诺·塔玛约（Rufino Tamayo）的一件作品，这是帕斯曾经深入评论过的首批艺术家之一。

（*La dialéctica de la soledad*）。在这篇文章里，帕斯对自己的写作方式和关注点进行了说明，以回应评论界的批评。帕斯在书里还暗示恩爱夫妻相互包容、忍让是摆脱孤独的重要方式之一（这个方法对于 20 世纪 50 年代末的他或许是有效的，但对年轻时的他则行不通）。帕斯认为，通过自愿放弃个性，我们可以看见自由以及某种能将我们从迷宫中拯救出来的救赎方式。

《孤独的迷宫》初版在墨西哥问世的时候，并没有立即获得成功。恩里科·马里奥·桑蒂（Enrico Mario Santí）发现总共只有五篇关于该书的评论，而且都不是长篇。[22] 但该书很快就掀起了一场论战，尤其是第二版引起了激烈的批评。帕斯遭到了来自民族主义阵线的攻击：一些批评家声称他就像个外国人，因此无法理解墨西哥人的性格（与此相悖的是，帕斯在他的书中已经论及这种通过取消对手合法性而使其丧失资格的方法正是墨西哥人最显著的性格特点之一）。有人还因为他在书中揭示了"墨西哥人对存在的羞耻感"而指责他对墨西哥人持有非常消极的看法。其他人攻击他的依据是，据说他不承认在30年代初探讨墨西哥人心灵的塞缪尔·拉莫斯（Samuel Ramos）等先辈对他有影响。

　　尽管存在这些批评，但是《孤独的迷宫》已成为帕斯在墨西哥和国际上最广为人知的著作。在过去的五十多年里，除了为胡安·鲁尔福（Juan Rulfo）和卡洛斯·富恩特斯（Carlos Fuentes）等

帕斯《孤独的迷宫》平装版的封面。

小说家提供了创作灵感之外，它已成为辩论关于墨西哥在不断变化的世界中的身份这一话题的试金石。或许并非巧合，过去的半个世纪中最著名的拉美著作、哥伦比亚作家加西亚·马尔克斯的《百年孤独》关注的也是历史是如何注定拉丁美洲的孤立与隔离的境地的。《孤独的迷宫》已成为墨西哥中学生的必读篇目，并且是被翻译得最多的作品。帕斯一直强调这本书是关于他个人的。例如，他在 1990 年接受电视采访时曾说："在反思成为一个墨西哥人的陌生感之后，我发现了一条古老的真理：每个人内心都隐藏着一个陌生人，每个人身上都居住着一个鬼魂。我想进入自己内心去发现那个陌生人，去和他交谈。我的书不是一篇社会学或心理学的论文。那么它是什么呢？一篇忏悔录，或者更确切地说，是一个声明……"[23] 读到这些文字，我们很自然地将迷宫也看作是帕斯对父亲和祖父的回应。他们或许已经通过自己的暴力行动创造了历史，但帕斯现在是在他的写作中呈现历史，并且以此证明自己与他们有着同样的存在价值。

　　帕斯在巴黎期间的第三本著作是他的散文诗集《鹰还是太阳？》（鹰与太阳其实就是墨西哥硬币的正反两面）。从他用这些散文诗来代替早期的抒情诗这一事实可以看出，帕斯接受了超现实主义的信念，即真正的诗不是形式问题，而是对待生活的道德态度问题。它以最适合作家经验的方式被表达出来。法国文学中散文诗的传统可以追溯到波德莱尔和兰波，之后在亨利·米肖（Henri Michaux）和勒内·夏尔（René Char）等接近于超现实主义作家的手里获得了发展。但是帕斯的诗保留了叙事的结构，而且虽然它们深入潜意识，但是绝不属于典型的难以理解的超现实主义文本自动写作的类型。《鹰还是太阳？》的三个部分首先考察了诗人在从语言中创造新事物的方面所做的努力。诗人将这种努力描述成一场反对最可怕的怪物所展开的战斗。这个怪物试图歪曲或损害诗人赋予那些往往已经被日常商业过度使用的语言以新义的能力。在找到了诗意发现的可能性之后，文集的第二部分《流沙》（*Arenas movedizas*）就转向外界，在与他人的关系中考察诗人的形象。这里最引人注目的是开篇那首"蓝色的花束"。在这首诗里，帕斯梦见自己因为有一双（外国人的）蓝色的眼睛而被墨西哥的印第安农民追杀。这个噩梦揭示了他对自己身份的焦虑以及因受巴黎国际大都会生活的浸淫而变得愈发尖锐的疑虑。

　　散文诗第三部分的标题与作为整部的诗集的标题是一样的。它进一步探索了诗人与他者的关系：这一次陌生人既是诗人童年时的自我，也代表着墨西哥在哥伦布发现新大陆之前那段被遗忘的历史。在诗作《黑曜石蝴蝶》（*Mariposa de obsidiana*）中，哥伦布之前的女神伊特斯巴巴洛特尔（Itzpapálotl）哀叹因为西班牙对墨西哥的征服而失去的一切。这是帕斯首次在法国出版的诗作，并被收入布勒东编选的 20 世纪上半叶超现实主义诗歌选集。尽管此文集中许多诗作带有明显的暴力倾向和绝望情绪，但是最后一首诗《走向诗》（*Hacia el poema*）透露出的信息却是积极的。它再次提出了这样的看法，即诗歌写作对于实现任何一个孤独的个人之间的对话是至关重要的。最后，诗以对历史发出的挑战作为结束："当历史沉睡时，它在历史的梦中谈论；在睡梦者的脑海中，诗是血的星座。而当历史醒来，意象变成行动，诗就这样产生：诗开始运作。"

　　这一界定与历史相对的诗人位置的努力在 1950 年帕斯编选的一部墨西哥诗选中同样表现得很明显。[24]这部诗选是帕斯受托为最新成立的教科文组织编选的，时间开始于 1521 年，共收入了 35 个用西班牙语创作的诗人，但只收入一位同时代的诗人——他的导师和守护者、在他的诗歌写作生涯中一直支持和鼓励着他的前辈诗人阿方索·雷耶斯。在简洁的前言中，帕斯按照时间顺序追溯了墨西哥诗歌的发展史，并介绍了一些他一生钟爱的诗作，尤其是胡安·何塞·塔布拉达 (Juan José Tablada) 和 18 世纪墨西哥修女索尔·胡安娜的作品。虽然受诗集的选择范围所限，他不得不排除了一些与自己同时代的诗人，但是帕斯的介绍却是以思考和他同时的诗人面临的重要任务—探索诗和历史之间的关系—作为结束的。他的结论是："每首诗都是为了诗的利益而在历史和诗之间达成的妥协……不存在没有历史的诗作，而改变历史是诗唯一的使命。因此，唯一真正革命性的诗是关于世界末日的诗。"这部诗集同时还被翻译成英语出版，帕斯也因此得以认识了译者。他不是别人，正是另一位居住在战后巴黎的爱尔兰作家塞缪尔·贝克特 (Samuel Beckett)。这使得这部文集显得十分特别，因为它是由两位后来成为诺贝尔文学获奖者的作家来完成的—尽管这似乎是他们唯一一次文学合作。

　　在写作散文诗的同时，帕斯还写作韵文诗。完成于 20 世纪 40 年代末至 50 年代初的诗后来结集为《暴烈的季节》(*La estación violenta*）于 1958 年在墨西哥出版。[25] 诗集以之前提到的那首 1948 年写于那不勒斯的《"废墟"中的颂歌》开篇，以 20 世纪 50 年代中期他写的杰作之一的《太阳石》收尾。这些诗将在下一章得到更为详细的研究。通过这些诗作可以看到，随着个人环境的改变，帕斯逐渐走出了他在巴黎度过的那些他描述为黑暗"隧道"般的岁月。虽然最初一点也不积极，他却再次开始探索另一个更加遥远的文明。他在一封 1951 年底写给回到墨西哥的阿方索·雷耶斯的信中写道：

> 虽然想到通过对印度神奇但却残暴的现实的想像来安慰自己，但是我依然无法摆脱内心的痛苦。离开巴黎并不是件容易的事。此外，我认为外交部对我的是错误的。在我开始发挥作用、法国开始意识到我的存在的时候，他们开始着手调离我。[26]

帕斯被任命到新德里任职。当时，墨西哥正筹划在新近独立的印度设立大使馆。他离开了继续留在巴黎的妻子埃琳娜·伽罗和女儿，乘船去了亚洲。这种失落感使他很难融入这个后来对他来说变得十分重要的国家。他发现开展外交方面的工作十分困难，因此极其想念巴黎的智性生活。在一封信中，他抱怨自己"受困于这个外交岛屿……我的新同事中没有漂亮的女人，也没有聪明的人。"[27] 他很快就试图通过外交方式调回墨西哥。然而，此时他已经开始将自己在印度的停留变成了诗的优势，就像在诗作《玛特拉》中。一如往常，帕斯在这首诗里首先生动地描述了圣城玛特拉

1952年，帕斯与埃琳娜·贾鲁和朋友们在日本。

里的燥热气候与黑压压的人群；接着转而叙述他的内心世界以及他
与这个有着丰富面孔世界的新接触所产生的诗人的良知。诗人在
这里表露出来的是对东方宗教祈祷的含蓄拒绝：作为一个来自欧洲
传统的诗人，他的责任是试图为他人解释世界而不是退回自己的
世界中去。"人在人类中仅仅是一个个体"，他总结道。

　　他并没有能马上返回墨西哥。正相反，他在印度呆了半年后
又被派到一个更遥远的地方任职。这一次是日本。他在那里呆了
几个月时间。他依然很难适应那里的生活：他写信给墨西哥，抱怨
没有足够的资金或人手。他的妻子和女儿从巴黎赶来后，他们一

家不得不住在酒店里。而在他的妻子跌倒摔伤并且因为治疗时的误诊使她腰部以下暂时瘫痪后，情况变得更糟了。在这样的紧急时刻，为了让埃琳娜得到治疗，帕斯全家人被送到了瑞士。1953年底，帕斯和他的家人终于回到了墨西哥。他在逗留日本期间写下的最重要的诗作反映了他当时的沉重心情："是不是找不到出路了？"

　　尽管就这样结束在国外度过的九年生活让帕斯感到失望和痛苦，但是帕斯后来回顾这段日子时的评价却是相对积极的。他说，这些年就像"在时间的胎腹中度过的 9 个月。这是妊娠的阶段。我获得了新生。1953 年返回墨西哥的这个人是另一位诗人，另一位作家"。[28]

第四章

向外拓展，1953—1969

奥克塔维奥·帕斯在 40 岁生日即将来临之际回到了墨西哥城。他的母亲仍然生活在米斯科阿克镇，但此时的小镇已经被并入不断扩张的首都中，其人口已经从他童年时的不到一百万增长到 20 世纪 50 年代初的五百多万。帕斯青年时期的革命希望也破灭了，淹没于吞噬一切的革命制度党的统治中。这个政党继续成功地兜售恩惠以换取政治忠诚。墨西哥已经从第二次世界大战的阴影中走出，并拥有极为有利的发展经济的时机。商品出口迅猛增长，民族产业蓬勃发展。作为从 1946 年到 1952 年执政的总统米格尔·阿莱曼（Miguel Alemán）利用这些有利条件巩固了实际上是一党专政的政治体系。[1] 他领导的革命制度党政府除了向每一个墨西哥人（用他的话来说）许诺"一辆凯迪拉克轿车，一支雪茄和一张观看斗牛的门票"的生活前景之外，还开始开展规模庞大的新的基础设施建设，以传达新的民族自豪感。新的建设项目包括贯穿首都的高速公路，但是重建历史中心意味着数千就读于墨西哥国立自治大学（帕斯曾就在此就读）的学生不得不迁出城市的心脏，辗转来到南方一处专门修建的新校园。虽然这次校园迁徙的目的之一很可能是消除潜在的政治抗议源头，但是不断增长的学生人数很快就将他们的新家园变成了革命辩论的乐园。这种变化在 1959 年古巴革命后更加明显。正是因为他们最坚决的一次政治活动所造成的悲剧性结局，帕斯在 1968 年毅然辞去外交职务。

然而，1953 年他回到墨西哥后依然十分满足地继续从事他的外交职业。从印度回国后，他的职务范围增添了新的内容。他被任命为国际组织的负责人，为争取墨西哥在诸如联合国和教科文组织等机构中的代表权而努力。他在那些机构工作过，因此积累了相当多的经验。然而，帕斯回国后并未在墨西哥文坛受到普遍的欢迎。国内（无论是革命制度党还是来自偏左的团体）一直存在的民族主义者因为他对超现实主义保持着极大的热情，而指责他完全被"外国的"影响所主宰。他在 1954 年墨西哥城的一次重要演讲中曾描述过这一流派。[2] 其他人指责他在描写墨西哥时采用了诋毁的方式（特别是在《孤独的迷宫》这部散文诗集中）。他们称他是一个喜欢国外文化的势利之徒，因此不具备描述墨西哥的资格。还有仅仅只是嫉妒他作为一个诗人不断增长的国际声誉。帕斯自己在 1990 年曾向翻译家阿尔弗雷德·马卡丹（Alfred Macadam）宣称：

> 我回国并没有实现和解。相反，我只为少数几个年轻人所接受。我打破了占主导地位的审美、道德和政治思想。许多人因为太过迷信自己的教条和偏见，很快就开始攻击我。这就是无休止的异议的开始。[3]

这种异议很快就在《赞美诗的种子》的接受问题上得到了体现。[4] 这是帕斯返回墨西哥后发表的第一部诗集。许多当地评论家指责他的新诗远离墨西哥的现实，已经被欧洲超现实主义"污染"。他

20 世纪 50 年代墨西哥城的"革新路"（Avenida Reforma）。

们将这些自己不喜欢的暴烈的复杂意象与帕斯早期那些清晰地表达了社会主题的作品进行了比较。然而，并不是每个人都充满敌意，有相当多的年轻诗人积极评价帕斯打造新语言的努力。他们赞同帕斯的观点，认为一个诗人要拥有新视野，必须有这些新语言作为"种子"。也就是说，以隐喻为基础的诗歌语言表明现实在意义的层面上不仅可以被超越而且可以被改变，从而有利于建立一个更加自由、更有希望的世界。[5]

　　墨西哥城团结在帕斯周围的新朋友中包括小说家卡洛斯·富恩特斯。[6]富恩特斯出生在巴拿马，父亲是外交官。和帕斯一样，他也认为狭隘的墨西哥民族主义令人憎恶。帕斯还帮助富恩特斯创办了一份新的重要文学评论杂志《墨西哥文学杂志》(*Revista mexicana de literatura*)。帕斯在这本杂志上发表过几首新诗。其他团结在帕斯周围的人还包括拉蒙·西绕(Ramón Xirau)，胡安·鲁尔福 Rulfo (Juan Rulfo)，特别是埃莱娜·波尼亚托夫斯卡(Elena Poniatowska)。他们组成了一个志同道合的作家团体。波尼亚托夫斯卡在 1954 年 1 月首次采访过帕斯，并于 1998 年帕斯去世时为他写了一篇热情洋溢的简短传记。[7]她生动地描述了自己与诗人就某个主题进行辩论的情景，这很值得在这里回顾一下："任何一个让人感到盛气凌人的辩论者最后从你那里走出来时总是伤痕累累、衣冠不整，像一块桌布一样，即使你并不是真的介意是否总能成功地胜出……对于你来说，最重要的事就是反驳别人，交换观点，因为你知道那样的辩论始终富有成效。"[8]在这次的采访中，波尼亚托夫斯卡最后问了一个关于墨西哥作家和大众之间的关系问题。对此，帕斯用颇富政治意味的修辞作了一个极具挑衅性的回答：

　　　　如此看来，作家没有责任……去努力直接改进这个国家的状况。我们都有社会责任，但作家有更远大的责任：
讲（他所认为的）真话，即使这么做似乎是诽谤或令人不
悦。我们必须坚持我们不讨人喜欢的权利。比如，要敢于
去动摇墨西哥资产阶级。所有如此舒适地坐着的资产阶级：
登上受人尊重和美德宝座的社会名媛；掌权的政客；银行家
和他们的钱财；撒谎的领导人。事实上，他们都依靠剥削
人民而发达。[9]

在其回国初期所写的极有力度的《破裂的罐子》（*El cántaro
roto*）中，这种对"残忍的资产阶级"的愤怒也表现得十分明显。
它最初发表在富恩特斯的《墨西哥文学杂志》（*Revista mexicana de
literatura*）中，后来还被收入 1958 年出版的诗集《狂暴的季节》。[10]
《破裂的罐子》是一部长篇作品，其灵感部分来自于帕斯 1954 年穿
越墨西哥北部干燥沙漠的一次旅行。看到自己离家多年后家乡依
然令人绝望的贫困景象，帕斯对革命后进展甚微的变革感到十分愤
慨。他的诗审视了一种革新（赋予生命的水）的可能性如何又一次
被贪婪和无知所破坏。第一部分探索了诗人的内心世界和其中所
有的心灵财富。但像往常一样，他很快就得出结论，认为诗人不应
该仅仅满足于此：他还有必要探索外面的世界，而不是仅仅沉浸在
自己的内心世界之中。那个外部世界或许令人激动并且十分和谐，
但是帕斯再次把这种看待自然的浪漫视角描述成一个圈套，套住了
诗人，甚至还不断扩大，以至于套住了所有有良知的人。人们只要
稍微清醒地看看这个世界，就一定会发现它和尘埃一样干燥。

　　蟋蟀停止了歌唱

　　一股燃烧的石灰石和种子的模糊气味

　　乡村的街道是干涸了的河流

　　如果有人大声喊道：谁还活着？

　　空气就会破碎成一千份。[11]

外在世界里生命和希望的匮乏似乎要将诗人引向瘫痪般的绝望状态，并让他陷入沉默。愤怒，尤其是对蟾蜍的厌恶，再次帮助他克服了这种瘫痪状态。蟾蜍是唯一能够统治这片尘土飞扬景色的生物"sapo"，代表着权力的种种丑态。它在西班牙人出现之前就已经在这里繁衍，并且被将阿兹台克人（Aztecs）出卖给埃尔南·科特斯的当地部落酋长"西姆波拉领主"（Lord of Cempoala）真实地再现了。在诗作最后的22行中，每一行都以不断重复的"人们必须"作为开始："睁着眼睛做梦，张开双手做梦，梦醒大声喊叫"，以恢复这片贫瘠土地再生和繁殖的可能。这一份长长的劝诫诗人自己和读者的清单成功地祛除了人们心中的绝望感。20世纪30年代由于震惊于尤卡坦半岛的落后状况，年轻的诗人曾经谴责过资本主义及其所有的附属物。但是，现在诗人强调的却是个人的责任与诗的责任：为生命的更新提供新的选择。

　　作为让诗介入世界努力的组成部分，帕斯开始试验其他文学类型。他在日本期间就一直十分着迷于三岛由纪夫导演的现代能剧。回到墨西哥后，由于受到自治大学文化传播项目负责人加米·加西亚·特雷斯（Jaime García Terres）的鼓励，他和他的朋友——包括画家胡安·索里亚诺 (Juan Soriano) 和超现实主义画家莉奥诺拉·卡林顿 (Leonora Carrington)——开始演出他们称之为"大声喊出的诗"的戏剧。帕斯称这次戏剧实验的目的是："让神秘感回归舞台：让舞台表演变成一次仪式游戏和一幕观众参与其中的壮观场景。"[12] 戏剧节包括 8 件作品，其中有让·热奈特、尤奈斯库和帕斯的妻子埃莱娜·贾鲁的作品。帕斯自己创作了一出改编自霍桑小说的独幕剧《拉帕奇尼的女儿》。诗剧 1956 年首先在墨西哥城卡百利托剧院 (Teatro del Caballito) 上演，导演是埃克托·门多萨 (Héctor Mendoza)。剧目后来被改编为歌剧并于 1989 年上演，这一次是由丹尼尔·加坦担任导演。在帕斯剧中，一位学生透过窗外看见一位妙龄少女 (拉帕奇尼的女儿) 在花园散步时深深地爱上了她。拉帕奇尼是一个科学家，他使用花朵中提取的毒素来做可疑实验。他的女儿在这种氛围中呆的时间太久，以至于她不得不靠剥夺这些动物和花朵的生命来呼吸以求得生存。因为无法抵御这个女孩的吸引，这个学生冒险进入了花园：她没有伤害他。但是，由于他来访次数不断增加，他发现他也会导致周围生物的死亡。当他指责拉帕奇尼的女儿背叛他时，她告诉他没有受到任何伤害，但他还是坚持要她喝下毒药的解毒剂。然而就在喝下解毒剂后，她却悄然死去。这部戏剧让许多墨西哥批评家感到迷惑不解。诗剧运用了夸张的诗学语言，调动了塔罗牌的典故和各种各样的神话故事。这表明帕斯很可能认为文学对于生命来说是至关重要的，但这并不意味着 (像他年轻时在西班牙的冒险那样)"人们"可以轻易地理解它。[13]

除了这些试验外，帕斯还反思了诗本身的性质。诗具体的特点是什么，是什么使得诗的信息不同于其他任何事物？诗提供什么样的可能？1956 年，由于获得了墨西哥大学（Colegio de Mexico）的资助，他得以集中时间写作一篇加长了的散文，后来以《弓与七弦琴》（*El arco y la lira*）为题发表。[14] 散文题目来自赫拉克利特（Heraclitus），它暗示诗可以是静止的，能够像七弦琴的琴弦一样产生音乐，而同时诗又可以是运动的，能够像弓弦上的箭一样射向世界，去探索个体意识之外的他者世界。

《弓和七弦琴》共分为三个部分。第一部分审视了帕斯所界定的诗的本质，接着思考了诗形式上的具体特征。第二部分着眼于"诗的启示"，也是这本书的核心。帕斯 1942 年写过一篇文章，其灵感来源于他对西班牙神秘主义者圣·胡安·德·拉·克鲁兹（San Juan de la Cruz）作品的反思。和上一篇文章一样，帕斯这篇新散文讨论的核心问题依然是辨识构成诗歌启示性的内涵，并暗示这一启示如何不同于宗教经验。正如拉斐尔·阿顾罗（Rafael Argullol）在评价帕斯作品时所暗示的，两者的主要区别是他们之于死亡的关系。在帕斯看来，宗教需要一个超越死亡的全能实体来赋予生命以意义，所以它处理死亡的方式削弱了生活在此岸的人类的重要性。就宗教而言，只有神性世界才是真正存在的，而人类的生活因为无法达到神性的丰富成了不存在的（或者说是"罪恶的"）。在帕斯看来：

> 宗教将我们从死亡中救赎，但这样做就使此岸的生活

> 变成了长期的受难和为原罪而赎罪的过程。通过消灭死亡，
> 宗教剥夺了生命中的生命。永恒消灭了瞬间。因为生命和
> 死亡是分不开的。死亡是生命的一部分：我们活着同时也
> 在死去。我们在死亡过程中的每一分钟都活着。通过剥夺
> 我们的死亡，宗教也剥夺了我们的生命。[15]

与此形成鲜明对照的是，帕斯认为诗为人类提供了将生死之间的
矛盾导向和谐的机会。诗人肯定生命并认为死亡是生命的一部分：
所以希望成为生命不可或缺的一部分，并且不再外在于生命而归
属于一个最高的存在。在这个意义上，帕斯赞同荷尔德林和德国
的浪漫主义的观点，认为"人类是作为一个诗人居住在地球上的"。

《弓和七弦琴》第三部分审视了诗如何能够对超越于个人意识
之外的世界产生影响。在其诗学中，帕斯认为，诗试图取消"词与
物之间的距离……"现代诗在魔幻和革命两极之间移动。魔幻这
一极的愿望是试图通过消解使我们与自然分离的自我意识来回归
自然，"让自己永远迷失于动物般清白无罪的状态，或者将自己从
历史中解放出来。"革命的一极渴望"征服世界历史和自然"。从根
本上说，这两种途径都致力于在"异化了的意识"与外在世界之间
架设沟通的桥梁，并协调二者的关系。[16]

在写作论诗的长篇论文的同时，帕斯还完成了诗作《太阳石》。
许多人认为这是他最好的作品之一。加泰罗尼亚语诗人佩雷·吉
姆费雷尔（他很快成为这位墨西哥诗人的亲密朋友）认为此诗对于
西班牙语世界的重要性相当于艾略特《荒原》之于英语世界的重要

性："由于有了它的存在，拉丁美洲和西班牙新的文学先锋本质的部分——不仅仅在诗歌领域，而且在小说和散文领域——才能获得恰当的理解。"[17] 阿根廷作家胡利奥·科塔萨尔（Julio Cortázar）则称赞它是"拉丁美洲作家写过的最值得称道的爱情诗，是在性爱领域对人类渴求完全超越自己的愿望作出的反应"，[18] 而墨西哥年轻一代诗人之一的何塞·埃米利奥·帕切科（José Emilio Pacecho）则描述了在他们开始写诗时，这首诗如何激励了他和他的同伴们在墨西哥进行的诗学研究。[19] 帕切科还谈到了诗作结尾的注释。帕斯在诗歌第一版中曾经发表过这一注释，但在之后的版本都省略了。[20] 在注释里，帕斯解释说，这首诗共有 584 行——因为这是以观测金星为基础的玛雅历法的时间长度。他还指出，金星在晚上和早晨都会出现在天空，这个生命的始与终、尽头与开始之间的模糊界限给了这首诗许多启发。但是，巨大的圆形太阳石本身不是玛雅人的而是阿兹台克人的：据报道，在西班牙人征服墨西哥时它们就被埋葬了，只是到了 1790 年人们才在墨西哥中心广场大教堂的下面发现了它。[21] 帕斯从太阳石日历中首先得到的启发是，将线性时间和循环反复结合在一起。在诗中，这种结合表现为最后六行诗和开头六行诗是一样的：我们穿行于这首诗，最后又回到开头然后再次开始穿行（诗作开头应用的热拉尔·德·内瓦尔（Gérard de Nerval）的文字也表达了同样的想法："第十三个返回来……仍然是第一个。"

《太阳石》是帕斯迄今为止最雄心勃勃的诗作。它试图具体表现他在单行本《弓与琴》里所写过的有关诗可能性的所有想法，试图在一个与那篇文章完全不同的层次上说服读者。除了包含了帕斯生活中的许多细节之外，这首诗还思考了历史的不同时期，并引用了古典希腊、法国以及墨西哥的许多神话。在诗的整体氛围中，最引人注目的是帕斯似乎终于摆脱了那种从逗留巴黎期间到回国后就一直缠绕着他的怀疑和绝望的情绪。虽然将诗的感情缩减为他的私人生活的事件是很危险的，但是《太阳石》的诞生的确和一次新的伟大爱情的出现时间相吻合。这一次他所钟情的对象是博纳·提贝特里·德·皮斯思（Bona Tibertelli de Pisis）。[22] 帕斯 1953 年在瑞士首次见到她时，她已经是法国作家安德烈·皮埃尔·德·曼迪雅格（André Pieyre de Mandiargues）的妻子。他试图向他生命中的这个新人说明，可以将存在从日常时间的腐蚀状态中救赎出来的方式。因此，至少从这个层面上来看，这首诗可以看作是献给这位新恋人的。诗表达了这样的信念，即人们可以在性爱狂喜的那一刻发现真理，并且可以将这一时刻看做是对历史的驱除，因为它让人重新回到了清白无罪的状态。与此同时，由于与另一个人实现了结合，和时间世界的融合不仅仅是可能的，而且对于诗人来说在道德上也是必须的。通过爱，他重新发现他与周围世界在本质上的一致性。与此同时，他重新恢复了他对语言可以成功传达这一独特性的信念。通过意象的设置、诗行和思维不断蜿蜒的运动、以及诗句不断螺旋上升过程所产生的这种魔咒般的效果，《太阳石》成功表达了诗人的意图。在诗中没有什么是稳定的：诗行、思维和意象急速推进，如时间之河或身份的流动引导着他在胜利的时刻宣布："在我存在的地方，你们就是我们。"

　　《太阳石》作为最后一首诗被收入 1958 年的诗集《暴烈的季节》。它与《破裂的罐子》一起成为了帕斯旅欧期间以及回到墨西哥后所写的早期作品的对照物。1960 年，这些诗和他的早期作品被收入《假释的自由》。[23] 1979 年在评论这部早期作品的选集时，帕斯从人类因为艺术尤其是诗才能拥有的必需的自由这一角度，解释了了诗集题目本身的悖论。一方面，他反对诗的诞生是自发的或者是对梦的直接摘录的观点，另一方面又认为它不可能仅仅是思想的产物。他的结论是艺术作品的聚合点是某种"有条件的自由"的体现："之所以有条件是因为自发性不是从形式外面而是从形式内部产生，并且只有穿越它才能获得。"[24] 帕斯这种对诗歌写作进行总结的愿望不仅仅是离开墨西哥这一新的飞跃的前奏，而且是他个人生活巨大变化的序曲。

　　1958 年 3 月博纳和丈夫访问墨西哥期间，帕斯和她的感情有了很大的进展。帕斯为这对夫妇安排了行程，并为博纳的艺术作品安排了展览。博纳的吸引力如此之大，以至于帕斯决定追随她回到巴黎。第一次相处的机会出现在这年的 11 月。当时，他被邀请作为外交官参加联合国教科文组织成立十周年庆祝活动。之后不久，他就提出与埃琳娜·贾鲁离婚，并迫切等待着能够长远而不是短期逗留巴黎，以便与博纳一起开始新的生活。由于妻子的强烈反对，帕斯与妻子的离婚的事进展得并不顺利。据说，那之后她在帕斯作为大使于 1968 年辞职时采取了一些行动。但是，直到 1975 年，他在给西班牙密友佩雷·吉姆费雷尔写信时依然谈到了埃琳娜和他的女儿：

　　他们现在在马德里。通往常一样，我甚至可以听到那
两只被激怒的蜜蜂愤怒的嗡嗡声从马德里传来。只要有机
会，她们就将毒刺刺进我的心脏，并不断策划、诽谤以便勒
索我，从我这里得到钱，然后就毁灭我并羞辱我……想到
有人憎恨自己真可怕。[25]

　　1959 年 6 月，帕斯再次离开祖国。这一次他是作为墨西哥驻
法国大使馆一等秘书前往巴黎。[26] 此时的博纳已经和丈夫离婚。
这对新婚夫妇从超现实主义诗人保罗（Paul Eluard）的遗孀那里租
了一套公寓。秘鲁朋友何塞·杜兰德（José Durand）曾经访问过这
个家庭。在他的记忆中，帕斯回到巴黎过着十分幸福的生活，他在
试验各种诗歌形式时充满了好奇心：

　　我们发现他正在听录制的电子音乐和实体音乐。他将
这音乐录制成磁带，然后耐心地为这些音乐填上词。他说，
当他想起古代普罗旺斯艺术家的作品时，他就希望能将音
乐和诗结合到一起。当他做这事的时候，他的妻子博纳正
在画油画和创作一些具有暗示性的拼贴画；他则坐在地板
上，用录音机、磁带、剪刀和胶水进行工作。[27]

这一次帕斯只在巴黎逗留了三年。他重拾起自己与超现实主义朋
友安德烈·布勒东和本杰明·佩雷特（Benjamin Péret）的友谊，
并与他们合作举办作为超现实主义运动 1959 年大型展览组成部
分的《半个世纪的超现实主义年鉴》（*Almanaque surréaliste du*

demisiècle）。他还与乔治·巴塔伊（Georges Bataille）成为朋友。同帕斯一样，这位作家兼知识分子也对欲望和历史上的邪恶问题深感兴趣。但是总的来说，帕斯似乎已经很少与法国首都的知识分子交往。当时法兰西第四共和国刚刚垮台，戴高乐将军返回巴黎并开始按照自己的想法创建第五共和国。实际上，帕斯似乎满足于探索他新收获的个人幸福。他希望在新的环境中开始新的生活。因此，他于 1962 年接受任命成为墨西哥驻印度大使。他希望说服博纳与他同行，这样他们就可以一起经历这次新的探险。离开法国之前他出版了另一部薄薄的诗集《火蝾螈》（*Salamandra*）。[28]诗集中最前面的一首诗《清晰的夜》是献给布勒东和佩雷特的，也是献给博纳和巴黎本身的。

> 城市伸展开来
> 它的面孔是我恋人的面孔
> 它的双腿是女人的双腿
> 塔楼广场立柱街道
> 被淹没了的风景的带状河流
> 城市或女人的存在

除了一系列典型的超现实主义的繁茂意象之外，这首诗在排版（包括手绘图）上还进行了更多的实验，也进行了其他形式上的创新。帕斯 1973 年曾告诉西班牙作家朱利安·里奥斯（Julián Ríos）："《火蝾螈》强调了声音／空间／时间的多重性。诗集中有这样一首短诗，其中有一行对应着文本 A，下一行对应着文本 B，依此类推。

结果是这首诗由三种文本组成：A，B 和两者结合后的文本 C。"[29]
在该书其他地方还引用了中国《易经》中的名言。这些年，帕斯常
常翻阅《易经》，认为这本书提出了另一种将过去和未来都聚集在
当下的方式。詹森·威尔逊 (Jason Wilson) 注意到了整部诗集体
现出他对两位早期法国诗人阿波利奈尔和斯特凡·马拉梅作品的
密切关注。这两位诗人一方面试图通过在白纸上将词语相互隔离
开来将诗歌文本从线性的发展中解放出来，而另一方面又试图将
诗语言从日常语言的繁殖中解放出来：用马拉美的一句名言来说，
就是"纯洁部落的语言"。[30]

　　正如《火蝾螈》后半部分的诗，尤其是诗标题走暗示着，尽管
同女人在性爱上的结合仍然是打开诗意启示世界的关键，但是使
一个人的存在与另一个人的存在融合为一的可能性仍然只是一次
稍纵即逝的顿悟：从定义上看，这似乎因为爱得过于热烈而毁灭了
自己。1962 年，博纳来到了印度，两人在这个地区广泛游历（帕
斯的使命之一是建立墨西哥与新独立的斯里兰卡和阿富汗的外交
关系）。然而，这次游历没有持续多久：博纳很快就返回法国，并
最终再次嫁给了前夫。

　　帕斯在印度只身一人，只能在更频繁的旅行中获得慰藉。正
如他写给法国作家克莱尔·赛亚的信中所说："我喜欢风景和作为
其中一部分的人（游牧民族、渔民和山区居民），但我也很喜欢大
城市。去年（1963 年）我走过了很多地方。我走过的乡村和地方
越多，我想看的就越多。"克莱尔·赛亚介绍帕斯的引言曾经被收
入在巴黎出版的影响广泛的"今日诗人"（Poètes d'aujourd'hui'）

系列丛书中。如按照惯常的做法，帕斯写给这位法国编辑的信后来经过扩写，生动记录了他这些年旅行途中的所思所想：

> 我思考的努力和经历过的瞬间的启示都在我的作品之中——一份微不足道的作品：我不是一个职业文学家，此外，我的努力总是不能持续……我写作是为了认识世界并且认识自己，而且也是为了塑造自我。但是，我写作的首要目的是为了扩展已有的经验——不是想让这些经验获得永恒，而是为了让它更加强烈，并且使得经历过的那一独特的瞬间更加清晰……不是为了获得永恒和活力，是为了让它更生动。[31]

此后不久，在一次布勒东和超现实主义者寄之厚望、但却有些没有预料到的邂逅中，他的人生方向突然发生了改变。这次邂逅的对象是玛丽·何塞·特拉米妮 (Marie-José Tramini)。当时，她是一名法国外交官的妻子。这对夫妇 1966 年"在一棵巨大的菩提树下"喜结连理。在知天命之年，帕斯收获了一份似乎极其自然和十分必然的爱情：

> 我遇到一个年轻的女孩
> 我们的肉体
> 相互交谈，相互获取，然后离开。
> 我们带着它们离开……[32]

帕斯在印度的工作不是特别繁重。他接待了许多来访的老朋友，其中包括亨利·米肖和阿根廷作家胡利奥·科塔萨尔 (Julio Cortázar)。胡利奥·科塔萨尔自 20 世纪 40 年代中期以来曾经在影响巨大的阿根廷杂志《南方》(Sur) 上写过许多赞许他的作品的评论。除了迷恋法国和法国文化之外，两人还有许多共同的文学爱好：都希望更新文学的语言，同时都喜欢语言中活泼的一面；都迷恋于偶然并对生活中神秘不可预知的事物感兴趣。事实上帕斯曾经告诉西班牙作家朱利安·埃弗拉因·里奥斯 (Julián Ríos) 在所有同代人中，让他在精神上感到最亲近的还是这位阿根廷作家。[33] 虽然帕斯的活动范围主要是在印度，但是越来越多的机构或朋友邀请他去包括美国在内的世界上许多其他地方朗诵诗歌或者举办讲座。在美国，他结交了艺术界的新朋友，比如美国作曲家约翰·凯奇 (John Cage)。凯奇的音乐作品往往与时间、沉默和无常有关。这与帕斯这些年来的诗语言十分相似。实际上，正是凯奇的散文集《从周一开始的一年》中收入了帕斯对自己在印度担任大使职务的苦涩评论：

> 我问帕斯作为一名外交官是否占用了很多写诗的时间。他说没有。"在这两个国家之间没有贸易往来。他们的关系处理得很好。"[34]

帕斯的旅行以及新婚妻子为帕斯注入了新的活力和乐观精神，从而成就了另外一部叙述他在印度经历的重要诗集《东山坡》。[35] 帕斯还写作文章评论来自西方传统的其他诗人。这部散文集《十字路口》(Cuadrivio) 出版于 1965 年。[36] 在这部作品中，他花费了大量篇幅来审视四位他最喜欢的诗人的作品：首先是费尔南多·佩索阿（Fernando Pessoa），帕斯翻译过他的作品，而且他在文本中进行的并置四种完全不同诗歌声音的实验与帕斯在 20 世纪 60 年代初的诗学实验是一致的；其次是鲁文·达里奥（Rubén Darío），拉丁美洲现代诗的创始人；然后是墨西哥诗人拉蒙·洛佩斯·瓦拉德（Ramón López Velarde），和帕斯一样迷恋于日本诗；最后是西班牙共和国岁月中认识的老朋友路易斯·赛努达（Luis Cernuda）。

与此同时，由于受到法国诗人斯特凡·马拉梅作品的影响，帕斯继续试验新的诗歌表现方式。1965 年，他出版了《白》（*Blanco*）：诗的第一版是在一个很长的打褶的瀑布状物体中展开的，其中不同的彩色墨迹代表着文本内部不同的声音。[37] 帕斯曾经告诉过西班牙作家朱利安·里奥斯应该怎样阅读这首诗：

> 《白》的文本可以分为二个文本，两首独立的诗，而这两首诗中的第二首又可以当成四个独立的文本或者是两个文本来阅读，最后，这首诗总共可以被读作十四首分别的诗。与这一句法上的旋转相对应的是语义上的旋转。但诗始终是同一首诗：所指变化了，但是能指不变。这就是这首诗题为《白》的原因。文本从空白页（什么也没有写，表示开口前的沉默）抵达目的地（即开口后的沉默），其间经历四种颜色、四个要素，感觉，知觉，想象和理解的四种变奏。诗固定的中心也是其目标：欲望的客体。[38]

要进一步了解帕斯写作《白》意图，还可以从他与英国诗人查尔斯·汤姆林森之间一次关于该书翻译的讨论中获得启发。1967 年，两人在斯波莱托和伦敦国际诗歌节见过面。在讨论这部诗集题目最好的英文翻译时，汤姆林森（在 1968 年 3 月写的一封信中）建议，"白色的中心"可能是暗示意义多重性的不错方式。帕斯在回复中写了一篇有针对性的专题论文集中阐述了他的观点。他认为或许"Cipher"这个词最接近原意：

> 我从字典中查到的解释是："Cipher（cipher）源于阿拉伯语 si'/ar。字母 O；虚无；一种秘密的写作模式。"而在 Buddhism 中，伊·孔泽（E. Conze）在其《佛教》一文中指出："被我们称为零的这个小圆圈是生活于约公元 950 年的阿拉伯人所熟知的 shifr，其意义为虚空。在英语中，我们最早的时候是用（借自西班牙语）cyper 来称呼零的"。其实，"cipher 就是梵文 sunya"。恩，Blanco（我因为很明显的理由而拒绝的）最初的题目是 Sunya 或 Sunyata……Sunya 是永恒的、无法抵达的目标。所以我这里的问题是：附加意义为"秘密的写作"的 cipher 这个单词是否表达了所有这些意义？或者你是否认为 Blank/Centre/White 会更好？[39]

正如密宗佛教徒的名言（连同马拉美的名言）所暗示的那样，《白》同时也是一首性爱气息浓厚的诗。其中，外界的一切都浓缩成了一个诗人的形象。他在房间里聆听音乐的演奏，耳畔传来的

1969 年帕斯作品《白》的手稿。

却是一个女人的声音。写作的行为和性爱的行为合二为一。通过对这一嬉戏场景的再现,诗人让读者也参与到这一解放运动中;通过解释白色页面上的黑色痕迹,他或她朝着与诗人相反的路线行进。两人相会于由白色页面象征、即将到来的当下"这一无法抵达的目标",也就是性爱欣喜若狂的爆发。

这首诗被收入帕斯叙述自己印度岁月的作品集《东山坡》。这些诗里有一种崭新的快乐得多的语气。其中一首诗的题目就是《赫拉特的幸福》(Felicidad en Herat)。这幸福部分是因为他的新伴侣玛丽·何塞,但同时也因为他久久地沉浸在这里的古老的非西方文化之中。尽管这种文化十分特别,却还是让他想起了墨西哥的古老的非西方文化。佛教对时间的反思,对此时此地的探寻以及对日常时间流逝的超越也让他十分着迷。和《白》不同,诗集中许多其他诗表达了他对外部世界的直接印象。印度城市生活的气息在这里得到了生动的刻画。许多诗行让人想起在时间急流中的运动、消逝和细节。也许能够最有力地表达此时他的诗歌热情的是《韦达板》(Vrindaban)中。这首诗再次以深夜写作的诗人形象开始,然后从童年的回忆转向描述印度近期的景色与声响。回忆和写作的行为将他带到当下,并诱使他去寻找他的过去和现在所具有的意义。尽管有一位印度圣人为他提供了聪明的解答,但无论这些答案多么的睿智,诗人都一一拒绝了。他可以依赖的只有自己的看法和直觉:

> 我在变动的时间里
> 汽车在建筑间穿梭
> 我在灯光下写作
> 绝对,永恒
> 以及和它们相关的一切

　　都不是我的主题

　　我渴望生命，也渴望死亡

　　我知道我相信什么，并将其写下

　　刹那的来临。[40]

　　除了印度停留期间写的诗之外，帕斯在诗论的写作上同样收获颇丰。他写过《转动的符号》（*Los signos en rotación*）和论述新兴结构主义的文章。这就是他的《克劳迪·列维·斯特劳斯或者伊索的新宴》。这是帕斯最有激情的诗辩。他认为列维·斯特劳斯以音乐或神话做参照进而否定诗的价值是不公正的做法，并重申了诗具备超越时间并创造出全新事物的能力。

　　然而，和之前几次一样，帕斯这一段稳定的生活突然戛然而止。1968年，帕斯怀着极大的兴趣密切关注巴黎的"五月事件"和美国的反越南抗议活动。法国首都巴黎的年轻人也走上街头举行游行示威，并提出了"让想象力掌权"（L'imagination au pouvoir），"禁止任何禁止"（défense de defender）等口号。和许多人一样，帕斯对此十分赞赏，认为他们对待自由的态度最具有超现实主义色彩。此外，他还赞扬了年轻示威者试图摆脱左翼正统观念的方式：他们的反叛在许多方面都使帕斯回到了他年轻时在共和党西班牙时极力赞美过的自发的反叛。

　　同年夏天，墨西哥也爆发了大规模的示威游行。总统古斯塔沃·迪亚斯·奥尔达斯（Gustavo Díaz Ordaz）领导的革命制度党政权想要向世界表明墨西哥有能力在墨西哥城举办第十九届奥运会。

学生们举着写有"要图书，不要刺刀"（Libros sí, bayonetas no！）或者"煽动者们：愚昧，饥饿和贫穷"（los agitadores：ignorancia, hambe, y miseria）的横幅在大街上抗议在一个像墨西哥这样贫穷的国家举办奥运会是财力的巨大浪费。游行很快就遭到了警方的残酷镇压。总统认为这是在古巴酝酿的破坏奥运会的阴谋的一部分，于是在大学校园周围派驻坦克把守。这使得更多的学生和同情者走上街头，并导致了更多的暴力行为：帕斯深爱的圣·伊尔德丰索学院的部分建筑被损坏。一直到九月底，双方都处于紧张的僵持之中。学生领袖呼吁在城市北部特拉特洛尔科的拉特雷斯文化广场举行集会。这个广场集三种文化于一身：有作为西班牙殖民时代早期教堂之一的阿兹台克人神庙，有 20 世纪 50 年代巨大的诺诺而柯·特拉特洛尔科建筑复合体，还有颇具讽刺意味的由庞大大理石建造的聘用帕斯的墨西哥外交部。[41]

　　学生集会定于 10 月 2 日下午 5 时举行。大约有 10000 名学生和他们的支持者聚集在广场。装甲车盘踞在广场周围显要的位置；接着，屠杀开始了。直到今日，谁也无法弄清楚究竟是哪一方先开的火：警察和军队方面声称他们是在回击别人对他们的攻击；而学生领袖始终坚持认为安全部队看到事先约好的信号后就开始向人群射击。没有人确切知道究竟有多少人在这次事件中丧生：官方公布的死亡人数为 20 至 40 人，学生领袖则声称死亡人数超过 150 人，而英国的《卫报》报道有 325 人被开枪打死或在惊慌失措地逃离枪炮时被踩踏致死。

　　在印度，帕斯从电台听到这一消息后十分震惊。他决定立即辞职。正如吉列尔莫·谢里丹（Guillermo Sheridan）指出的，他当时作为大使的身份使他实际上无法辞职，但是他被政府从担任大使的职务上召回，并有整整三年时间处于等待墨西哥总统"处置"的地位。[42] 大屠杀后的第二天，他给之前曾邀请他参加"诗歌的奥林匹克"庆祝活动的奥运会文化活动组织者写了一首愤怒的短诗。短诗用愤慨和惊悚的语言交替描述了清洗广场鲜血的企图。他最后警告：

> 羞愧的是背叛自我
> 引发的愤怒：
> 　　如果
> 整个国家都感到羞愧
> 这是一只蹲俯着的狮子
> 随时准备跃起 [43]

帕斯和他的妻子在十月底离开印度前往西班牙。在墨西哥，官方媒体开始对他进行恶毒的攻击，声称其实在他辞职之前就因为发表不当言论而被撤职。也许最残酷的伤害来自他的前妻埃莱娜·贾鲁和女儿的声明。她们声称帕斯与学生站在一起是在鼓励恐怖主义。[44]

　　一年后也就是 1969 年，在奥斯汀得克萨斯州大学演讲开始前，帕斯发表了他对大屠杀的看法。这些最后经过扩写形成了另一本书《另一个墨西哥》，并被收入《孤独的迷宫》后续版本中。[45]《另一个墨西哥》再次强调作家和知识分子的责任，认为他们应该对历史采取批判的态度，并且不被任何意识形态所蒙蔽的责任。接着他批评墨西哥政治制度缺乏民主，同时放任最初的革命精神在官僚化、制度化和权力崇拜中丧失殆尽。由于缺乏批评，时间以一种循环的方式重复自身，革命制度党的现在是在可悲地重蹈以前阿兹台克人的覆辙。他写道："墨西哥的年轻人在古代特拉特洛尔科广场上倒下。这并非巧合：那正是阿兹台克神庙所在的位置，也是他们举行人祭的地方……1968年事件的目的是在人民群众中散布恐怖，方法则是使用阿兹台克人已经运用过的人祭的方法。"他对革命制度党政府和对它一党独大的权力"金字塔"的攻击，使他成为许多墨西哥人心目中的英雄。但他拒绝这种批评，并呼吁新的革命。这样，学生中最激进的分子感到他和他们不是一条战线的。这使得帕斯处在两个对立群体中间的夹缝中，让他觉得很不自在：在之后的岁月里他坚持认为这种自由的、批判的中间道路不仅对于他来说是正确的，而且对于墨西哥和拉美其他国家也是正确的。他开始相信清晰的论证，并拒绝所有意识形态，而他对于革命的信仰也就被远远地抛在后面。在他看来，积极变革的产生不是通过群众性的革命，而是通过私人的奉献精神和诗歌作品中可能稍纵即逝的生命启示来实现的。

第五章

把一切带回家，1969－1990

特拉特洛尔科屠杀事件之后，墨西哥的政治局势变得异常混乱。许多领导 1968 年运动的学生领袖被当局传唤审讯，遭到严刑拷打，然后以纯粹莫须有的罪名被送入墨西哥城市中心的勒坎贝里（Lecumberri）监狱（其中大部分人在 1971 年总统大赦时被释放）。但总统古斯塔沃·迪亚斯·奥尔达斯宣布奥运会取得了巨大成功。之后，他在自己的回忆录中声称已经将墨西哥"从共产主义的威胁中解救出来了"："他们想改变我们的墨西哥，希望将它变成另一个不同的墨西哥，一个我们不喜欢的墨西哥。如果我们希望守住我们的墨西哥，如果我们团结在一起，那么他们就不会得逞。"[1]1970 年，他将总统权力移交给了当时担任内务部长的路易斯·埃切维里亚（Luis Echeverría）。这两人都策划过针对奥克塔维奥·帕斯的诽谤活动，并声称帕斯对罢工学生的支持表明他试图推翻革命制度党政权，以利于马克思主义革命。

然而，那些敦促当局进行激进改革的墨西哥左翼人士似乎对帕斯的政治立场了解得更准确。他们发现帕斯批评革命制度党政权并不意味着他会起而号召革命。因此，他们也开始攻击帕斯：在他们看来，他的自由主义立场背叛了他们所代表的运动。帕斯发现自己再一次处于这样一个极不舒服的中间位置上。1969 年，他更愿意与双方都保持距离，并接受邀请担任一些国际知名大学的

20 世纪 70 年代中期的帕斯。

诗歌教授：先在得克萨斯大学任教，然后在英国剑桥大学担任了一年的西蒙·玻利瓦尔教授。

　　在这段时间里，帕斯还开设讲座阐述他对诗的看法。这些看法很快就被收入《淤泥之子》之中 [2]。除此之外，帕斯还利用这段时间反思了印度岁月对他的影响。这些反思后来变成了让人印象最为深刻的长篇散文诗《语法灵猿》(*El mono Gramático*)。[3] 该诗是为日内瓦艺术出版商斯科拉出版的系列书《创造之路》(*Sentiers de la Création*) 而作的。[4] 为这套丛书供稿的其他作者大多是法国

哈努曼，印度教《罗摩衍那》中的猴子文法家和众神使者。

诗人，比如伊夫·博尼法雅（Yves Bonnefoy）或勒内·夏尔（René Char）。丛书试图将插图和文字结合在一起，并让诗人简要地阐述他们写作的方式。正如帕斯在自己的书中所说，他是从字面义来理解这套丛书的题目，并立即将诗的创作过程同旅行联系到了一起。从某个层面上看，这是记忆的旅程。它将他带回到了印度和噶尔塔（Galta）那座被破坏的圣城，也就是他与玛丽·何塞度蜜月的地方。噶尔塔寺庙主要供奉印度教传统中作为神的使者的猴子哈努曼，而这对夫妇访问这个城市时，城市里的确猴满为患。帕斯写道，噶尔塔的废墟让他明白语言试图捕捉现在的努力是注定要失败的——诗人抓住的仅仅是过去的意义的废墟。然而，诗人的这些努力又是必不可少的：帕斯选择哈努曼作为他的守护神，因为，如前所注，在《罗摩衍那》中猴子被视为语法学家，用语言来批评诸神。

但是与哈努曼一起出现在这部作品开头的还包括活在当下这一时刻的诗人形象。在苍茫的暮色中，诗人坐在剑桥大学丘吉尔学院的办公椅上，审视着周围的世界并试图捕捉这一刻所呈现的一切。这种审视使得帕斯不断询问自己，在自己像哈努曼一样使用语言进行诗歌写作时，他开始的是怎样的内心旅程。他认为语法是对天堂和一切绝对权威的批判，而正是这一点赋予了空白符号以意义。诗人的工作是自相矛盾的。他的任务就是要消除这个空白，将词语同其通常使用的含义剥离，"拆开名称"以便获得它们真正意指的含义。正如帕斯经常遇到的那样，他在沉浸于现代印度所带来的感官刺激的同时，按照现实情况为世界命名的能力往往稍纵即逝。这使得帕斯不得不思考这一问题，即语言如何能够捕捉住此刻，如何能够在世界和它的现象不断变化的过程中找到一种稳定性。有时，当帕斯将语言作为一种哲学舞蹈使用时，他的内心似乎有一种近乎恶作剧般、猴子似的喜悦："一棵树既不是树的名称，也不是对树的感知，它是在对树的感知观念消失的那一时刻对树的观念的感知。"[5]就像他这一时期的许多作品一样，此时的帕斯敏锐地意识到，语言是一个"符号的丛林"，只能微妙地建构意义。

《语法灵猿》里最为令人瞩目的是帕斯作品中经常出现的两大元素：虽然在《罗摩衍那》中没有提过，但是帕斯为哈努曼设置了一个雌性的对应物，也就是书里的"辉煌"。哈努曼与她的性爱是瞥见内心渴望的启示时刻的最可靠方法。其次，正如其他作品中一样，帕斯将写作和阅读看作是同一旅程的两个部分，两者互为镜像：

> 形式及其变化和运动变成静止的符号：写作；符号的消散：阅读。通过写作我们取消了事物，我们将它们变成意义；通过阅读，我们取消了符号，并从中提取意义，而且在那之后，我们就取消了意义，让意义回归于原始的丛林。[6]

就在《语法灵猿》之前，帕斯发表了两部短篇作品集。这两部作品集表明，他正在继续扩大自己在诗歌形式上的实验，以此作为实现诗意的独特表达的另一种方式。出版于 1968 年的《视觉的光盘》(*Discos Visuales*) 由两个光盘组成。读者必须旋转光盘才能看到固定在光盘底部的文本。[7] 首次问世于 1971 年的《图像诗集》(*Topoemas*) 包括了他自己亲笔题写的字、双关语和它们的可能意义以及页面空白处文本的形状。[8] 此处，帕斯再次对作为符号的词和作为物体的词语之间的联系提出了质疑。同时，他也考察了物质世界的现实与思想和语言世界，也就是意义建构者的现实这两者之间的变动。他曾将他们描述为一次"对抗话语的追索"：无论一个文本多么富有诗意，都要在文本内中断一下某一个论点必然的发展趋向，并邀请读者驻足并仔细思考作为符号的每个词语的物质性。

因此，1969 年春，他因循安德烈·布勒东、菲利普·苏波

(Philippe Soupault)、保罗·艾吕雅 (Paul Eluard) 和其他人在 20世纪 20 年代超现实主义在早期辉煌的日子里做法, 利用自己呆在巴黎的数周时间启动了一项和其他作家一起写作的诗歌试验。这些参与 1971 年出版的诗作《组诗》(*Renga*) 的合作者包括英国诗人查尔斯·汤姆林森法国诗人雅克·洛宝德 (Jacques Roubaud) 和意大利爱德华多·安贾热第 (Edoardo Ungaretti)。[9] 这四个人将自己关在巴黎圣西门酒店里, 试图以日本组诗的联接方式创造一种新的诗歌合写方式。他们的目标是创造四组诗, 每组分别有七首十四行诗。在每首十四行诗中, 每个作家只写四行并负责把整部作品翻译自己的语言。安贾热第最后退出了合作计划, 既未翻译文本也没完成创作任务。虽然试验的目的之一是看诗人在面对着自己强加给自己的形式束缚时, 诗人是否会迷失自己的身份。然而, 他们的最终作品读起来往往就像是他们自己作品的仿作似的。

帕斯后来与汤姆林森继续开展这一实验。汤姆林森翻译帕斯作品的技艺十分娴熟。两人相互通过航空邮寄交换以日子和房子为主题的诗 (也是十四行诗)。与《组诗》一样, 每首十四行诗都被分为四个部分, 两人轮流写作。这么做首先是为了庆祝两人的友谊, 其次是庆祝外在的真实世界, 至少在汤姆林森看来。1981年, 两人的合作成果以《大气之子》为题出版。[10] 最后, 帕斯在国际上的声誉使他出国的次数甚至比以前更加频繁, 但他还是于1971 年底返回墨西哥定居。他这次回到墨西哥城是为了帮助创办一份新杂志《多元》, 作为另一份报纸的每月文学副刊出版。报纸主编胡里奥·舍雷尔·加西亚 (Julio Scherer García) 是认为 1968

1961 年《多元》杂志的封面。

年事件表明墨西哥政治制度迫切需要变革的开明人士之一；他的报纸公开批评政党和总统。帕斯同意他提出的观点，即墨西哥还处于由革命制度党一党统治的状态："在墨西哥，除了革命制度党的独裁之外没有其他的独裁。除了因为政治独裁在其他领域不合理的延伸而产生混乱的威胁之外没有其他威胁，"他写道。[11] 正如杂志名字所暗示，帕斯使得《多元》成为了自由民主意见的旗舰。他坚持认为政治和文化变化只有通过自由地实践理性批判才能实现。由于 18 世纪西班牙拒绝了启蒙运动及其价值，因此这一实践理性批判的路线已经绕过了墨西哥和拉丁美洲其他国家。杂志第一期的撰稿人包括他的阿根廷老朋友豪尔赫·路易斯·博尔赫斯和阿道夫·卡萨雷斯（Adolfo Bioy Casares）。并且，正如他之前创办的所有杂志一样，帕斯努力将《多元》办成传播国际声音和趋势的渠道。

在执政墨西哥 6 年期间，总统路易斯·埃切维里亚（Luis Echeverría）一方面费尽心机想让墨西哥最重要的知识分子相信他一直在进步。然而，与此同时，他又坚持他想要回到墨西哥革命的的那几年，努力要完成一项 60 年前就开始的事业。和许多人一样，帕斯那时仍然不认为革命制度党将通过改革成为一个现代化的民主党。因此作为回应，他帮助创建了全国考试和咨询委员会。这个委员会最终成为了左翼墨西哥工人党（Partido Mexicano de los Trabajadores）。[12] 但是，由于意识到墨西哥最需要的不是政的直接参与者而是一群独立的观察员，帕斯在委员会成立后不久就离开了。几年后接受采访时，他说："20 世纪 50 年代回国后，我认为重要的是要为墨西哥提供一种表达方式。而在 20 世纪 70 年代，我回国后的重要事情是从改变现实的角度出发反思墨西哥。"[13]

除了反思自己的国家之外，帕斯还继续发表文章，阐述他对诗及其重要性的看法。他作为多种语言译者的经验和他对翻译的反思后来都被收入书中。[14] 他将自己 1971 至 1972 年在哈佛大学所做的讲座扩展成书，并于 1974 年以《泥潭之子》出版。[15] 这本书在许多方面延续了他最初在《弓和七弦琴》中详细探索过的关于诗歌价值的质疑。在这新书中，帕斯除了讨论诗在语言和生活中能引发革新的诱惑力之外，再一次比较了诗的启示和宗教的启示。帕斯认为，现代诗试图超越仅仅呈现现实本身。但在这样做的同时，它走向了自己的反面；正如何塞·基罗加（José Quiroga）在《理解奥克塔维奥·帕斯》中所写："现代诗的写作是通过否定方式来完成的。它只能通过否定自身诗性才能成为诗，它将这种否定建构为自己声音最根本的起源。否定感越明显，空间就越开阔。"[16]

　　这一关于现代诗目标的观点表明，对于这位墨西哥诗人来说，马拉美和他关于独立性的研究依然是他最为倚重的。这也是帕斯1974 年出版的长诗《往事清晰》的中心内容。[17] 在采访中，诗人说自己这首诗是一次尝试。他试图回顾童年和青春岁月，去发现"我后来将变成男人的那个原型"。这又是一次道德的探索，因为他声称"每个人的生命中重要的是配得上我们曾经有过的孩童时代"。[18] 然而，与此同时，长诗《往事清晰》的意图不仅仅是讲述趣闻轶事，它还探寻作为符号系统的语言如何做到既揭示又表达它本身是其一部分的现实。它是否可以置身度外，为诗人和读者提供一种重要而独特的认识现实的方式？

> 宇宙通过我们
> 与自己交谈。
> 我们是它的话语中的一个部分
> ——它不完整中的完整。
> 连贯而又空洞的唯我论：

> 从开始的开始
>
> 它说了什么？它说会告诉
>
> 我们。
>
> 它告诉了自己。[19]

除了《往事清晰》之外，帕斯还将他仓促离开印度之后所写的其他诗结集成《回归》，[20] 并于 1976 年首次出版。诗集标题和他选择将其作为 1977 年即将创立的新杂志的名称《回归》表明他确实已经下定决心回到祖国：他和首次来到墨西哥生活的新的妻子将留下来。他的这些诗重新审视了自己的生活和历史，侧重于从更为私人的角度来质疑墨西哥、它最近的历史和未来的种种可能。这些正是他在自己创办的杂志和其他公共演讲中所讨论的话题。《回归》也是一首诗的标题，写于他重新卷入墨西哥的漩涡不久。在这首诗里，正如在作为整体的诗集中一样，帕斯将当代墨西哥"被毁坏了的伊甸园"意象与他过去一以贯之的意象进行了对比。这也是整本诗集的创作意图。现在，主人不再是《破裂的罐子》里的蟾蜍，而是统治着"这一丛破碎语言"的秃鹰和郊狼。但是，正如《语法灵猿》一样，虽然经历了 20 世纪历史的所有恐怖，但是由于有了黑夜中瞬间的启示，诗人才仍然能够确定生命的价值。诗作"圣·伊尔德丰索学院夜曲"（Nocturno de San Ildefonso）的开头回顾了他 1931 年时经历。当时他正在圣·伊尔德丰索学院读书，而且还发表了处女作。这首诗还是对 20 多年前在《太阳石》中所写到的有关返回墨西哥之后走过的人生路程的反思。和那首诗一样，开头和结尾在圆形的螺旋运动中相互呼应。《夜曲》先是俯瞰并想象外面的城市，进而开始思索自己的以及他的朋友和同时代人的生活："美德，我们想要的是 / 美德，以匡正这个世界。我们不缺少诚实，/ 我们缺少的是谦卑。"接着诗人用概括性的语言反思了这些年轻时候正义的梦想是如何被历史的干燥岩石击碎的。接着诗人又转而说到写作的时刻。夜色散去，新的一天到来之际，妻子平静而安详的呼吸让诗人感到宽慰并证实了他的努力。想到他的妻子就睡在旁边，他就能够确定生命的存在。

《圣·伊尔德丰索学院夜曲》所暗示的诗人与外界现实的战斗从来没有比 1976 年更加明显。当时，埃切维里亚政府派兵关闭了报社并强迫主编加西亚辞职。正如当年帕斯毫不犹豫地辞去大使一职一样，帕斯立刻辞去了《多元》主编职务，并呼吁所有的同事与他站在一起。一年后，他开始创办自己的杂志《回归》（Vuelta）。之后多年，这本杂志既为墨西哥同胞提供自由的批评渠道同时又将新的文学和思想从许多国家引进墨西哥知识界。在 20 世纪 70 年代和 80 年代他所领导的这两种杂志中，帕斯努力维护艺术和文学的重要性。这既是为了艺术自身的目的，也是为了它能够利用自己的独立性与政治权力进行抗衡。他还越来越将杂志当做是与母校墨西哥大学尤其是墨西哥自治州立大学中左翼马克思主义霸权的一种制衡。正如布勒东在法国所做的那样，帕斯激烈地捍卫那些拒绝成为政治机构或大学精英的一部分、而且有着自由精神的知识分子。他批评诸如社会学和政治学等新学科越来越大的影响力，坚守那些无需学习实用技术就可以对所有话题阐述自己意见的较为传统"人文知识分子"的理想。[21]

　　1968 年之后，一些激进的学者和学生认为墨西哥再革命的时机已经成熟。各种各样的团体集结到了格雷罗山和其他州，试图复制古巴革命并使革命从农村蔓延到城市的革命"焦点"思想。在其主编的杂志上以及大量的公众演讲中，帕斯坚持认为 20 世纪 70 年代的墨西哥不存在暴力革命的空间。在他看来，暴力革命只会让执政的革命制度党更加专制。相反，他和他的同事们敦促墨西哥国家政权在内部进行改革，推动革命制度党成为一个更加民主、给予墨西哥公民更多开放空间的政党。他的关于墨西哥国家政治的这一看法奠定了另一部散文集《仁慈的恶魔》（*El ogro filantrópico*）的基础。这部散文集继续其对墨西哥历史和革命后墨西哥国家"意义"进行探索。[22] 此外，本书继续批评那种认为历史是朝着未来的乌托邦直线前进的（主要是"科学的"马克思主义的）政治观点。一如以往，帕斯的论点更倾向于支持持不同政见者和异议人士，更倾向于通过对压迫进行个人道德反叛，从而更直接地维护自由。

　　1979 年，帕斯出版了题为《诗歌 1935—1975》（*Poemas 1935—1975*）的诗集。[23] 这些诗沿袭了帕斯以往的做法，除了重新排序并更新诗作之外，他还借这次出版的机会阻止那些他不再认同的（包括所有他年轻时候创作的）诗作再次发表。从某种程度上说，重新界定自己的过去是他越来越关注个人和历史记忆的结果；同时，这部诗集还像是一位感到自己正严阵以待、试图在一个敌意环境中确保并捍卫自己的地位的人的作品。

　　由于持续不断地批评苏联和其他社会主义国家，帕斯和墨西哥左翼之间的隔阂进一步加剧了。在他主编的杂志和公共场合中，他谴责苏联制度是一种墨西哥历史上从未有过的极权主义制度。但是左翼批评家批评他和他的同事们有意无意成为了右翼的拥护者，并指责说在 1973 年智利总统阿连德"和平过渡到社会主义道路"被推翻之时，或者是阿根廷、巴西和乌拉圭建立军事独裁统治之际，未能谴责极右势力在拉丁美洲的崛起。这些争论十分激烈，并且带有人身攻击的性质。因此，许多评论家认为帕斯的下一部主要作品是要做自我辩护，这部出版于 1982 年的作品 [24] 是关于 17 世纪墨西哥修女和作家索尔·胡安娜·伊内斯·德·拉·克鲁兹的出色长篇传记。[25] 自 1940 年代起帕斯就一直十分喜爱索尔·胡安娜：他在 1951 年为阿根廷杂志《南方》写过一篇有关她的长篇文章，而在《孤独的迷宫》中再次提到了她。对于帕斯来说，这位因为当权者——在她的时代这些当权者是天主教教会和宗教裁判所——的压制而被迫放弃了写作的修女是另一个富有独特创造力的艺术家无法在他们生活的社会里获得支持或同情的例子。他将她所处的环境和 20 世纪下半页的形势进行了比较："正统的思想史——无论是西班牙的反改革或俄罗斯的马克思列宁主义——叙写的都是知识僵化的故事。"[26]

　　帕斯对这位被誉为"第十位缪斯"的第一位墨西哥女诗人引发的许多问题迷恋不已：是什么使得索尔·胡安娜成为一名修女？17 世纪末西班牙在墨西哥创建的是一个什么样的社会？如果一切

如他认为的那样，"在每一个社会里，禁止和授权的系统总是在运作……决定什么可以说和什么不能说"，那么在那个直接塑造了她的作品的奇怪而又复杂的社会里到底是什么力量在对个人起作用？[27] 而且最重要的问题是：她为什么要屈从于教会当局，不仅保持了沉默，而且抑制住自己的求知欲，放弃了所有的阅读和学习？《索尔·胡安娜》与《孤独的迷宫》一起成为了帕斯最著名的散文作品。他似乎是在回应他认为来自"学院"的认为他是一位（从没有在大学完成学业的）业余作家的批评：对新西班牙的历史分析是严谨的，远没有他之前的历史写作随意。对诗人索尔·胡安娜的欣赏表明帕斯对西班牙黄金时代和巴洛克诗人有着深刻了解；他对她沉默原因的分析在知识界引发了强烈的共鸣和热烈的讨论。

毫无疑问，帕斯觉得自己在 20 世纪 80 年代的墨西哥遭到了类似的攻击。他认为墨西哥的知识分子权威正在盲目地遵循他自己在几十年前就已经拒绝过的马克思主义的基本原则。他发现自己在许多场合被人诬蔑。例如，1980 年，他被谴责是皮格思党（提倡种族灭绝的知识分子党）的理论家之一："他们是罗马俱乐部、勃兰特委员会和其他英美寡头政治规划和研究中心无耻的经纪人，其目的十分明显的：摧毁墨西哥共和政体，迎来一个新的黑暗时代。"作为回应，他利用自己主编《回归》刊物、在电视上经常露面的机会以及国际上的声誉，阐述了自己自由主义的信念。在他从事外交工作期间，他认为墨西哥的外交政策是进步的，并且认为自己应该支持它。然而，到了 20 世纪 80 年代，他对墨西哥那些年的政策的批评越来越多。墨西哥政府继续与卡斯特罗领导的古巴政权保持着友好关系。除了同情 1979 年推翻了尼加拉瓜索摩查王朝的桑地尼斯塔政府之外，也同情萨尔瓦多的游击队运动（甚至与法拉本多·马蒂游击阵线 (Farabundo Martí Guerrilla Front) 建立了联系）。

　　然而，帕斯深信解决拉丁美洲问题需要依靠改革，而不是革命。他不同意认为代议制民主及其制度适合于诸如欧洲和美国等"发达"国家、而欠发达国家的问题只能靠暴力推翻"寡头"集团才能解决的观点。例如，1984 年当他在法兰克福年度书展上被授予极具声望的和平奖时，他就借机谴责了尼加拉瓜的新政权：

　　　　桑地尼斯塔政府的行动清楚地表明，它希望按照哈瓦那的模式在尼加拉瓜植入一个官僚军事独裁政体。直到尼加拉瓜人民可以在所有各方都被允许参与的真正自由的选举中表达他们的意见之时，和平才会光临中美洲。[28]

这篇讲话在墨西哥左翼中引起了极大的反感，以至于当年 10 月在墨西哥城美国大使馆外一次约 5000 人的示威抗议中，有人当众焚烧他的肖像。

　　帕斯在 1983 年出版的《阴天》一书里阐述了自己对美国以及苏联、西欧和远东地区的看法。[29] 正如恩里克·克劳泽 (Enrique Krauze) 指出的，这也是一本针对左翼批评家的书。帕斯在该书中试图再次向他们说明自己的立场并抨击他们盲目的教条主义："他们的祖先以圣·托马斯的名义起誓，他们则以马克思的名义起誓，但是对于他们二者来说，理性都是服务于真正的真理的武器。知识分子的使命是捍卫真理。他们对于文化和思想的看法应该是辩证的、富有挑战性的。他们是十字架上的受难者。"[30] 帕斯自己没有注意到，但是这同样是对他自己态度的准确描述。在所有的辩论中他始终尊重其他人的论点，但是在需要告诉人们他所看到的真理时，无论说出这些真理对于他的听众来说可能多么刺耳，他都从不退缩。例如，1987 年，他返回瓦伦西亚参加西班牙内战期间他就参与的反法西斯代表大会五十周年纪念时就再次激怒了众人，因为他坚持认为共和党人承认他们以及他们的理想已不再令人向往，而且坚持认为 20 世纪 80 年代西班牙的议会民主制和君主立宪制是完全合法的。

　　这种态度使得帕斯成为 20 世纪 80 年代墨西哥极具争议的人物。他之所以为人们所熟知更多的是因为他政治见解而不是他的诗歌。左翼知识分子经常斥责私营电视频道特拉维萨（Televisa）对世界的看法太过右倾。由于他常常出现在这个电视频道上，经

20 世纪 70 年代和 80 年代斯频频出现——而且常常引起争议——在墨西哥电视台。

常被谴责为思想已经过时的老人。但他本人仍然继续坚持独立于所有政治力量，按照内心良知的要求对社会大事发表看法。不过，尽管他声称自己是这些争论的受害者，但是他却能作为墨西哥重要知识分子而获得权力和平台来否定他的对手。例如，他能够为特拉维萨电视频道写作并制作了十二期节目。这些节目后来以《奥克塔维奥作品中的墨西哥》(*México en la obra de Octavio Paz*) 为名出版。[31] 这实际上是一部有关本国历史、文学和艺术家的文选。

正如他与左翼的关系一样，帕斯对于墨西哥的态度也从未真正明确。事实上，人们可以看到一件十分有趣的事，那就是他对待左翼和墨西哥的态度与他在诗作《东山坡》中表达的对其祖父和父亲的反应十分相似：他们自身的经历本身就是充满暴力和革命的戏剧性故事。相比之下，他的声音则有些过于温和低微了，因而不为人们所理解。他在 1988 年 7 月一封写给加泰罗尼亚朋友和出版商佩雷·吉姆费雷尔的信中总结过这些感受：

> 我们八天前抵达这里，我无论是在身体层面还是在道德层面上都还不能习惯墨西哥的现实。我仍然感到疲惫并有一种模糊的恐怖感，一种很难形容但却十分熟悉的焦虑感。这已经成了我的一部分。这是我童年时候就有的感觉：我在这里做什么？一种永恒的误会毒害了我与我自己人民的关系，尤其是与作家、艺术家和知识分子的关系。换句话说，是毒害了我与所有那些如果不是我的朋友但至少应该是我的同事的人们的关系。我一页又一页地写——总共

写了两千多页——试图化解这种误解，但所有的努力都是徒劳的。每次回来都好像要重新从头开始似的；每一次的离开都是逃离。你可以想象我当时的心态是怎样的。我和现实的关系变得越来越难以调和，而工作的开展也变得越来越困难。[32]

然而，即使现在已经年过古稀，他仍在努力工作。除了写政治文章、在电视上露面以及承担国际责任外，他还花时间完成了最后一部新诗集《内心的树》（árbol adentro）。[33] 这部诗集由五个截然不同的部分组成。第一部分表明诗人既探索自己的内心世界，同时也向外探索真实时间中的世界。诗集第二部分谈到了友谊，并将被献给这些年来与他亲密无间的朋友。第四部分也是献给朋友的，但这次是献给帕斯熟悉且钦佩的画家。最后一部分是爱情诗，诗中的女性和以前一样是激励诗人坚信自己事业的价值并为之努力的主要动力。诗集中较有新意的是第三部分，反思了关于死亡的思想，并引用了法国文艺复兴时期哲学家和散文家蒙田的名言："哲学就是学习如何死亡。"有几首诗，尤其是《准备的练习》（Ejercicio preparatorio），反思了诗歌在面对否定时如何可以协调生命的所有元素。

　　两年后的1989年，帕斯见证了一个足以证明自己政治立场的正确性的历史性事件：东欧共产主义世界的崩溃以及随后苏联的解体。他在《大日子里的小纪事》（Pequeña crónica de grandes días）中庆祝了这些历史事件。[34] 他认为欧洲社会主义世界的崩溃既是

帕斯与第二任妻子玛丽·何塞，其他人从左至右依次是，学者丹尼尔·维斯波特和三位诗人翻译家詹森·威尔逊、安东尼·鲁道夫和理查德·伯恩斯。

因为其政权缺乏合法性的权力也是因为其无法在经济上与西方竞争。同时，他并不认为市场能够以（当时在自由主义候选人的名单里支持秘鲁总统的）古斯塔夫·哈耶克或诸如秘鲁作家马里奥·巴尔加斯·略萨（Mario Vargas Llosa）等知识界支持者所认为的那种方式为个人提供自由。实际上，帕斯提出了这样一种看法，即资本主义和社会主义都为人类作出了贡献，但是前提都是认识到真正的文化表达的真理在确保每个个人的自由时扮演着重要的角色。

1990 年，他还出版了《另一个声音：诗与世纪末》。这本书更直接地论述了诗歌和历史的关系，尤其是再次坚持认为革命和突变的思想最终只能将人类引入死胡同。而在同一年，76 岁的帕斯被授予诺贝尔文学奖。授奖委员会除了盛赞他在所有领域里捍卫自由之外，还高度评价了他的诗和散文。作为回应，帕斯在他的获奖致词中谈到了像墨西哥这样的处于边缘的许多国家对现代性的探索，并坚持认为如果人类要忠于自己的命运，那么 20 世纪下半叶精神上的空白就必须被填补。

第六章

燃尽火焰，1990—1998

　　诺贝尔评审委员会之所以授予帕斯文学奖是因为"其视野开阔而又充满激情的文学创作，同时体现了感知的智慧和人性的完整性"。他的获奖演说体现了所有这些特质。[1] 在演说的开头他指出，美洲的语言是一种"被移植过来的语言"：它们已经进化到可以表达欧洲的现实的水平，只是突然间发现自己不得不应对另外一种完全不同的现实。帕斯认为，不仅如此，而且西班牙的征服和英国人大规模入侵北美不同：以墨西哥为例，西班牙人初到墨西哥时所要面对的"除了地理，还有历史"。此外，帕斯坚持这一历史仍然存在：它既是过去也是现在。因此，成为20世纪的墨西哥作家就意味着，不仅要意识到并且要聆听这个过去存在、现在依然存在的世界。他认为，正是这一意识将像他这样的作家与欧洲的传统区别开，结果是他要忍受双重异化：在墨西哥特有的文化焦虑之上又加上了全人类共有的焦虑感：意识到每个人都具有独立的意识，并且被一个无法摆脱的他者世界所包围。在这篇典型的帕斯式抒情诗般的演说中，他用自己的亲身经验来阐述这一抽象的哲学理念。他回忆起自己童年时在米斯科阿克镇的家。那时，家里有一座永恒天堂般的花园，里面栽种着神秘巨大的无花果树；此外还有在祖父的书籍里进行的神奇旅程。

　　但处在时间之外的快乐的童年时光注定不能长久。当他（已

帕斯 1995 年最后一次
访问英国时为读者签名。

经四、五岁时）在报纸上看到美军从一战战场返回的插图的时候，帕斯就意识到那段美好的时光马上就要结束了。这是外部世界的历史对他产生直接而重要影响的时刻；从这时候开始，时间本身成了一种他不得不考虑并与之抗争的存在。作为抗争的一部分，他试着重新找回童年时曾经体验过的永恒的现在。这是他提笔开始进行写诗的主要原因："诗与瞬间相恋，并寻求在自身之中让那些瞬间复活、从而将它与连续的时间之流分开成为一个永恒的此在。"

帕斯说，这反过来使得他努力去寻求"现代性"，从而让诗歌能够与他周围的世界对话。即使诗寻找的是某一富有启示的瞬间，但是如果它要履行自己精神探求的职能，它还必须与外在世界保持密切联系。在这里，帕斯改变了演说的焦点。正如这些年里他经常做的那样，他也批评现代性观念本身，他认为这些观念是"我们将历史视为一种独特的线性连续过程的观念的副产品"。这样，他就从诗转到了政治，从而在其演说中体现了两者之间的必然联系。他认为，将历史视为一条朝着更大进步前进的直线的想法在20世纪已经破产，人类被留在他所谓的"未来的曙光"之中。

　　接着他列举了这次破产的种种原因：当科学或技术释放出来的破坏性力量已经变得如此明显的时候，人们便不再继续相信它们带来的进步；人类再也不能继续随心所欲地使用原本以为取之不尽、用之不竭的自然资源。（随着年纪增大，帕斯越来越关注生态问题，这使他成为了最早的"生态斗士"之一。）帕斯认为，除此之外，还有证据表明20世纪人类在精神层面上没有什么进展。数以百万计的无辜受害者遭受到"屠杀、酷刑、屈辱和贬斥"。这本身就已经引发广泛的质疑，即：如果这些就是进步所带来的结果，那么进步是否是必要的？历史上是否真的存在着清晰可辨的规律？

　　帕斯最后总结，对于进步的信念的坍塌已经将人类留在了"精神的荒野上，我们不再像以前那样，即使处在压迫之下，我们也可以从宗教和政治系统中得到慰藉"。从这一思想出发，帕斯重新思考了瞬间。这种瞬间就是由于任何朝着"模糊乌托邦"进步的想法已经破碎而变得更加紧要的现在。这将他带回到了他的出发点——为什么诗不能成为那些能够使得人们批判性地审视现在的一根"支柱"："关于现在我们了解什么？什么也不了解，或者几乎是什么也不了解。然而，诗人的确知道一件事：现在是存在的源头，"他总结道。

　　我之所以如此详细地阐述帕斯的诺贝尔获奖演说，是因为它是能够很好地说明他晚年思想的例子。这一思想困扰着既是诗人又是辩论家的他。他对诗意表达的追求并没有使他远离这个世界；相反，正因为诗的需要是一种道义责任，所以他才不断衡量它超越纸面上的语言而表达现实的能力。在审视完自己的主张后，他断言诗的确提供"真正的现实"是一种和他童年时生活于其中的世界一样神奇的现实——虽然在那些日子里，他没有必要表达他在时间中的感觉。在流畅的论证中，帕斯的诺贝尔获奖演说映照了他的许多成熟诗作的结构：对意义的探求、与外界现实的斗争以及对任何启发性时刻之外的乌托邦的拒绝。可能是因为要保持"正经"，所以帕斯在这里没有提到自己信念的另一个精神"支柱"：那就是两性结合的狂喜也可以让人在瞬间看到处于时间之外的时间。

　　实际上，早在其最后一篇散文《双重火焰》（*La llama doble*）中，帕斯就已经开始了对性的详细探索。[2] 帕斯自己说，从 20 世纪 60 年代他开始研究萨德侯爵的作品一直到后来开始阅读查尔斯·傅立叶的书籍的 30 年间，他一直在写这本书。他在 79 岁之时，也就是 1993 年头两个月的时间内集中精力完成了这部作品。标题中的"双重火焰"指的是情欲和爱情的双重来源："最初的原始火焰——性——燃起了情欲的红色火焰，而这股火焰反过来又提升并抚育了另一丛颤抖的蓝色火焰：爱的火焰。情欲和爱情——生命中的双重火焰。"[3] 在他的散文中，帕斯重温了从柏拉图一直到亚瑟·克拉克（Arthur C. Clarke）的关于爱情和情欲的思想。他不仅漫游于西方的传统，而且还汲取了自己从印度和远东学到的相关知识。在赞美情欲将人类从单纯的动物繁殖本能解放出来的同时，他将情欲和爱这两者之间的区别界定为本质上是自由的问题。情欲是对一个人想象力的运用，但是只有在两个人都做出放弃他们个性的选择时爱才会诞生。因为每个人都充分选择与另一个人联系在一起，所以爱是自由最重要的尊重者，也是对人类个体的肯定。帕斯颇为自信地阐述说，这意味着"爱在西方已经是并且仍然是伟大的颠覆行为"。[4]

　　尽管心脏方面的疾病越来越严重（1994 年他在得克萨斯州做过多个心脏搭桥手术）并且还有其他疾病，但是帕斯继续雄心勃勃地写作包罗万象的散文作品。这些作品既是生动的自传，也展现了他广博的知识。例如，1995 年他的注意力又回到了那段印度岁月以及那期间的收获上。正如他在论列维·斯特劳斯的书中写到的："印度是一个巨大的熔炉，无论是谁，只要陷进去了就永远无法出来"；他现在写的《印度之光》（*Vislumbres de la India*）一书是最早地介绍印度的历史、社会和文化的西班牙语作品之一。[5] 早在他担任驻印度大使期间，他就与英迪拉·甘地（Indira Gandhi）建立了非常友好的关系，因此决定在她遇刺十周年纪念日之际出版这本书。《印度之光》以"印度的文化游记"为开始和结束。[6] 这里描述的景象和诗作《东山坡》或《语法灵猿》中描述的景象一样生动。但是，全书主要的章节反思了印度的历史和文化，不仅将它们与墨西哥，而且还与西欧和亚洲其他文明进行比较和对照。使他尤其感兴趣的是印度在某种程度上抵制西方的时间和变化的概念的方式——这种抵制尤其反映在印度的种姓制度中。在他看来，这种制度是防止民主思想为人民深入人心的。帕斯还从印度的古典诗转向了印度的宗教和美食。在其独特文化的方方面面中，帕斯称赞印度有能力在吸收外来文化影响和压力的同时继续保留其独特身份的能力——这是他再次将之与西方进行比较的结果。他认为西方（正如他在诺贝尔和平奖演讲中提到的）在进步的神话瓦解之后正在被"舒适的享乐主义"和精神空虚所折磨。[7]

在《双重火焰》出版几个月后，帕斯发表了《人生旅程》。他将这篇文章称为"一个知识分子的传记、同时也是一篇感伤甚至是充满激情的传记"。因为正如他强调的，他的诗和散文一直试图将思想和感情统一在一起。顾名思义，这篇文章站在一位度过了80载春秋的老人的视角描述了自己政治和精神之旅中的重要时期。正如他这个时期的许多作品一样，这又是一次试图在临死之前总结自己人生经验的努力。他首先回顾了自己童年时期的激情，接着谈到了20世纪30年代以来作为作家和辩论家所进行的斗争。最后他得出了一个忧郁的结论："邪恶就是人类的本性，是人类所独有的。"但是，这并没有让他感到绝望。相反，这一如以往在他身上激起了与邪恶斗争的愿望。

他的确仍在与墨西哥许多知识分子进行论战。虽然官方对于他成为第一位赢得诺贝尔奖的墨西哥作家感到欣喜不已，但是左翼批评人士从意识形态的角度出发将诺贝尔奖视为对这个在柏林墙倒塌和共产主义阵营摇摇欲坠的岁月里持反苏立场的诗人的奖帕斯的签名。

励。尽管帕斯坚持自己绝不是"官方"诗人，但是毫无疑问，这些年，尤其是在总统卡洛斯·萨利纳斯·葛塔利（Carlos Salinas de Gortari）和他的继任者艾尔耐斯多·塞迪略（Ernesto Zedillo）在位期间，他与革命制度党非常亲近。尽管人们普遍指责萨利纳斯通过欺诈而赢得了 1988 年选举，或者控诉改革派候选人多纳尔多·科罗斯修（Donaldo Colosio）在塞迪略接管"鹰的宝座"的 1994 年选举之前遭到谋杀，但是帕斯似乎深信这些人在试图推动专权的革命制度党走向民主化道路上是真诚的。

　　帕斯对发生在 1994 年 1 月 1 日的萨帕塔民族解放军（EZLN）起义同样没有给出积极的响应。就在同一天，墨西哥与美国和加拿大签订了自由贸易协定。许多观察家认为这是 20 世纪末的墨西哥和 20 世纪初的墨西哥一样处于分裂状态的证据（如果需要任何证据的话）。当数以百万计的贫苦农民在近乎奴隶的状态下依然在农村劳作时，独裁者迪亚斯却坚持认为墨西哥是一个现代的进步国家。同样地，现在的萨帕那主义者（Zapatistas）和他们的蒙面领导人萨波曼丹迪·马科斯（Subcomandante Marcos）吸引人们去关注政府领导墨西哥进入雄心勃勃的自由市场这一事实，而南部的恰帕斯州和墨西哥其他地区的土著居民却被排除在所谓的进步之外。就像以前总是发表对周围事件的看法一样，帕斯在《旅程报》(La Jornada) 日报上发表了两篇文章评论萨帕塔的起义。[8] 虽然他承认这一运动代表了墨西哥土著居民的一些合法诉求，但是他反对萨帕塔通过武装斗争来实现这一诉求的做法，甚至声称土著人正在被极左集团操纵。[9] 帕斯觉得他们的要求能够并且应该通过墨西哥的民主体制，而不是通过土著地区自治来实现。因为在他看来，这种自治将导致国家的解体。同样他不认同马科斯浪漫的呼吁："他的强项不是推理，而是感情和虚情假意：讲坛和群众集会"。像往常一样，他认为，最让人不满的不是土著群体和萨帕塔主义者，而是许多墨西哥知识分子在没有经过深思熟虑的情况下盲目地支持萨帕塔民族解放军。

帕斯富于挑衅的态度，激起了他的批评者进一步的愤怒。在过去这些年里，对他最直言不讳进行攻击的所有人当中，有一位是受人尊敬的美国学者和墨西哥语翻译依兰·斯达旺斯 (Ilan Stavans)。[10] 在评论完帕斯的散文作品之后，依兰·斯达旺斯甚至称他是"当权者的提线木偶"，"政府的触须，一个用他的梦想来换取制度认同的守旧人士"，甚至是"一位经历着最后衰落的文化独裁者"。依兰·斯达旺斯甚至声称自己代表那些因为害怕遭到报复而不敢在墨西哥大声说话的知识分子而写作。帕斯只是将这种恶毒的攻击当作是证明自己观点正确性的另一个证据。在他看来，"正统的"左翼评论家们心胸狭窄、见识浅薄并且自私自利。

　　对于他来说，更糟糕的是 1996 年 12 月的大火几乎烧毁了他位于墨西哥城市中心的公寓。他的许多藏书都被烧坏了。同样被烧坏的还有他收集的来自墨西哥、印度、日本和其他国家的宝贵文物。此外，癌症常常给他带来了巨大的痛苦，逼迫着他只能坐在轮椅上。

　　火灾发生后，墨西哥当局在城市南部的科约阿堪为他提供了一所老房子以便放置著作、报纸和文集。这成为奥克塔维奥·帕斯基金会的所在地。他将这看做是保存自己遗产的一种方式。这座房子因为曾经因为是 5 世纪前西班牙入侵期间埃尔南·科尔特斯建造的那些房子之一而闻名。之后，它是 D. H. 劳伦斯在 20 世纪 20 年代初访问墨西哥，为自己的小说《羽蛇》收集素材时住过的地方：迷信的帕斯说他相信他能感觉到这位英语作家的精神依然存在于房子的老墙之中。帕斯基金会成立于 1997 年 12 月 17 日。墨西哥总统塞迪略出席了成立仪式；在致谢词中，帕斯强调 20 世纪墨西哥的真实历史是如何由诗人写就的。几个月后也就是 1998 年 4 月 19 日晚上，他溘然长逝。他最后一首诗的主要内容基本上是与西班牙黄金时代诗人弗朗西斯德·克维多的对话。该诗 1998 年 6 月发表于《回归》。[11] 诗的部分内容（艾略特·温伯格翻译的英文版）概括了许多他对诗的关注：

　　　　在某个时刻，有时我们会看到
　　　　——不是用我们的眼睛，而是用我们的思想——
　　　　时间突然间停滞不动。

1998 年纪念帕斯逝世的杂志
《回归》的封面。

世界敞开一半，我们窥见

完美无暇的王国，

纯粹的形式，存在，

一动不动，在时间上漂浮

一条停止了流动的河流。

不幸的是，帕斯没能活着看到 2000 年的墨西哥总统选举。这一年，
革命制度党政权在和平的环境下被选下台。经过七十多年的漫长
时间，墨西哥第一次经历了政治制度上的变化。如果帕斯还活着，
他无疑会对这一变化表示欢迎。但与此同时，他又会马上开始批
评它的缺点。

注 释

第一章 发现一种声音，1914—1937

[1] Guillermo Sheridan, 'Paz en Paris: seis pasajes', *Cuadernos Hispano-americanos*, dclviii (April 2005), pp.21—32.

[2] Octavio Paz, *La otra voz: Poesía y fin de siglo* (Barcelona, 1990), p.55.

[3] Octavio Paz, *Pasado en claro* (Mexico City, 1975), p.29.

[4] Octavio Paz, *Ladera este, Collected Poems 1957—1987* (Manchester, 1988), p.222.

[5] See Octavio Paz, *The Other Voice* (New York, 1991), pp.143—60.

[6] Paz, *Pasado en claro*, p.28.

[7] Octavio Paz, *Sor Juana: Her Life and Her World* (London, 1988).

[8] Paz, *Pasado en claro*, p.27.

[9] Octavio Paz, *Itinerary*, trans. Jason Wilson (London, 1999), *passim*.

[10] Ibid., pp.101—10.

[11] Octavio Paz, '¿Aguilo o Sol?', in *Libertad bajo Palabra* (Mexico City, 1960), p.195.

[12] Octavio Paz, *La hija de Rappaccini* (Mexico City, 1956).

[13] Rita Guibert, *Seven Voices* (New York, 1973), p.211.

[14] Paz, *Itinerary*, pp.18—20. However, in his *Poeta con paisaje: Ensayos*

sobre la vida de Octavio Paz (Mexico City, 2004), the Mexican writer Guillermo Sheridan argues that Paz and his mother did not go to live with his father in California at this time (pp.49—51). For Sheridan, in his old age Paz invented this 'false memory' as compensation for the lack of being with his father for much of his infancy.

[15] Paz, *Itinerary*, p.19.

[16] Ibid., pp.9—20.

[17] Paz, *Pasado en claro*, p.36.

[18] Paz, *Itinerary*, p.104.

[19] Guibert, *Seven Voices*, p.212.

[20] Sheridan, 'Paz en Paris', p.102.

[21] Paz, *Itinerary*, p.42.

[22] See Sheridan, 'Paz en Paris', p.172.

[23] In Anthony Stanton, *Las primeras voces del poeta Octavio Paz* (1931—1938) (Mexico City, 2001), pp.22—3.

[24] Sheridan, 'Paz en Paris', p.23.

[25] Octavio Paz, *Al Paso*, p.17.

[26] Paz, *La otra voz*, pp.55—70.

[27] See Rafael Argullol, 'Poesía y enigma', *Insula*, 532—3 ([Madrid] April–May 1991) on Octavio Paz; Enrico Mario Santí, *Primeras Palabras sobre Primeras Letras* ([Madrid] April–May 1991), pp.5—6.

[28] Stanton, *Las primeras voces*, pp.18—19.

[29] Quoted in Héctor de Mauleón, 'Cartas de amor de Octavio Paz', *Confabulario*, cultural supplement of *El Universal de Mexico* (24 April 2004).

[30] Octavio Paz, *Luna Silvestre* (Mexico City, 1933).

[31] Paz, *Pasado en claro*, p.29.

[32] Octavio Paz, *No pasarán* (Mexico City, 1936).

[33] Paz, *No pasarán*, p.8.

[34]　Revised edition 1942, in *A la orilla del mundo* (Mexico City, 1942).

[35]　Paz, *La otra voz*, pp.11—30.

[36]　Octavio Paz, *Primera instancia* (Mexico City, 1993), p.28.

第二章　选择一种立场，1937—1943

[1]　Guillermo Sheridan, *Poeta con paisaje: Ensayos sobre la vida de Octavio Paz* (Mexico City, 2004), pp.163—4.

[2]　Mentioned in Enrico Mario Santí, 'Primeras palabras sobre Primeras Letras', Insula, nos 532—3 ([Madrid] April–May 1991), pp.6—7.

[3]　Octavio Paz, *Entre la piedra y la flor* (Mexico City, 1941).

[4]　Pablo Neruda, *Memoirs* (London, 2004).

[5]　Sheridan, *Poeta con paisaje*, pp.182—4.

[6]　Claire Cea, Octavio Paz – 'Poetes d'aujourdhui 126' (Paris, 1965), p.22.

[7]　Octavio Paz, *Itinerary* (London, 1999), p.49.

[8]　Elena Poniatowska, *Las palabras del árbol* (Barcelona, 1998), p.30.

[9]　Octavio Paz, 'Piedra de sol', in *Collected Poems 1957—1987* (Manchester, 1988), pp.16—19.

[10]　Sheridan, *Poeta con paisaje*, p.295.

[11]　Interview with the author.

[12]　Octavio Paz, *Bajo tu clara sombra y otros poemas sobre España* (Valencia, 1937).

[13]　Jason Wilson, *Octavio Paz* (Boston, 1986), p.17.

[14]　Sheridan, *Poeta con paisaje*, p.305.

[15]　Rita Guibert, *Seven Voices* (New York, 1973), pp.212—13.

[16]　Sheridan, *Poeta con paisaje*, pp.309—10.

[17]　Cea, *Octavio Paz*, p.23.

[18]　Poniatowska, *Las palabras del árbol*, p.31.

[19]　Wilson, *Octavio Paz*, p.16.

[20]　Cea, *Octavio Paz*, pp.28—9.

[21] Octavio Paz, Peras del olmo, quoted in Cea, *Octavio Paz*, p.27.

[22] Alberto Ruy Sánchez, *Una introducción a Octavio Paz* (Mexico 1990), p.45.

[23] Octavio Paz, *Libertad bajo palabra* (Mexico City, 1949), p.36.

[24] Octavio Paz, *Entre la piedra y flor* (Mexico City, 1941).

[25] Octavio Paz, *Obra poética* (1935—1988) (Barcelona, 1990), pp.785—6.

[26] Quoted in Wilson, *Octavio Paz*, p.9.

[27] Ibid.

[28] Quoted in Sheridan, *Poeta con paisaje*, p.26.

[29] Cea, *Octavio Paz*, p.43.

[30] Enrico Mario Santí, *Primeras Letras* (1931—43) (Barcelona, 1988), p.24.

[31] Paz, *A la orilla del mundo* (Mexico City, 1942).

[32] Sheridan, *Poeta con paisaje*, p.422.

[33] Santí, *Primeras Letras*.

[34] Paz, 'El desconocido', in *Libertad bajo palabra*, p.97.

[35] Octavio Paz, *El laberinto de la soledad* (Mexico City, 1950; 2nd edn with addition of La dialectica de la soledad, Mexico City, 1959).

[36] Paz, *Itinerary*, p.26.

第三章　新的启程，1943—1953

[1] Quoted in Guillermo Sheridan, *Poeta con paisaje: Ensayos sobre la vida de Octavio Paz* (Mexico City, 2004), p.433.

[2] See Reference 14 for Chapter 1.

[3] Octavio Paz, *Itinerary* (London, 1999), p.19.

[4] Enrico Mario Santí, Octavio Paz, *El laberinto de la soledad* (Madrid, 1997), pp.36—7.

[5] Octavio Paz, *El laberinto de la soledad* (Mexico City, 1950).

[6] Quoted in Jason Wilson, *Octavio Paz* (Boston, 1986), p.28.

[7] Sheridan, *Poeta con paisaje*, p.437.

[8]   Octavio Paz, *Libertad bajo palabra* (Mexico City, 1949).

[9]   *Memorias y palabras* (Barcelona, 1999), p.231.

[10] Quoted in Guillermo Sheridan, *Cuadernos hispanomericanos* (Madrid, 2005), p.27.

[11] Quoted in Sheridan, *Poeta con paisaje*, pp.445—6.

[12] Octavio Paz, *Alternating Current*, quoted in Jason Wilson, *Octavio Paz* (Boston, 1986), p.38.

[13] Paz, *Libertad bajo palabra*. A reworked version of the volume was published as *Libertad bajo palabra: obra poética (1935—1957)* (Mexico City, 1960).

[14] Octavio Paz, *El laberinto de la soledad* (Mexico City, 1950). Second edition, with the addition of *La dialectica de la soledad* (Mexico City, 1959).

[15] Octavio Paz, *¿Aguila o sol?* (Mexico City, 1951).

[16] Santí, *Octavio Paz*, p.44.

[17] Octavio Paz, *Los hijos del limo* (Barcelona, 1974).

[18] Octavio Paz and Julián Ríos, *Solo a dos voces* (Barcelona, 1973), p.53.

[19] Santí, *Octavio Paz*, pp.147—8.

[20] Julián Ríos and Octavio Paz, *Solo a dos voces* (Barcelona, 1973), p.58.

[21] Quoted in Santí, *Octavio Paz*, pp.43—4.

[22] Santí, *Octavio Paz*, p.49.

[23] Santí, *Octavio Paz*, p.47.

[24] Octavio Paz, *An Anthology of Mexican Poetry*, trans. Samuel Beckett (Bloomington, in, 1958).

[25] Octavio Paz, *La estación violenta* (Mexico City, 1958).

[26] Sheridan, *Poeta con paisaje*, p.449.

[27] Letter to Reyes, quoted in Sheridan, *Poeta con paisaje*, p.450.

[28] Interview with Alfred MacAdam, *Vuelta*, xv (December 1991), p.16.

第四章 向外拓展, 1953—1969

[1] For a vivid description of this period and its politics, see Enrique Krauze, La Presidencia Imperial (Barcelona, 1997), pp.89—187.

[2] Jason Wilson, *Octavio Paz* (Boston, 1986), pp.77—8.

[3] Enrico Mario Santí, *Octavio Paz, El laberinto de la soledad* (Madrid, 1997), p.54.

[4] Octavio Paz, Semillas para un himno (Mexico City, 1954).

[5] Wilson, *Octavio Paz*, p.79.

[6] The relation between the two writers has not always been friendly. Paz has criticized Fuentes for being too uncritical towards the revolutionary left in Mexico and elsewhere in Latin America; for his part Fuentes wrote movingly about the poet after his death, although admitting they had 'different concepts of life and society' (New Perspectives Quarterly, Summer 1988, p.5).

[7] Elena Poniatowska, *Octavio Paz, Las palabras del árbol* (Barcelona, 1998).

[8] Poniatowksa, *Octavio Paz*, p.49.

[9] Quoted in Poniatowska, *Octavio Paz*, p.57.

[10] Octavio Paz, *La estación violenta* (Mexico City, 1958).

[11] Paz, *La estación violenta*, p.42.

[12] Guillermo Sheridan, *Poeta con paisaje: Ensayos sobre la vida de Octavio Paz* (Mexico City, 2004), p.459.

[13] For a detailed discussion of the play and its relation to the Hawthorne story, see Raúl Chavarri, *Cuadernos Hispanoamericanos*, 343—5 (January–March 1979), pp.503—24.

[14] Octavio Paz, *El arco y la lira* (Mexico City, 1956).

[15] Rafael Argullol, 'Poesía y enigma', *Insula*, 532—3 ([Madrid] April–May 1991), p.15.

[16] Michael Hamburger The Truth of Poetry (London, 1970), pp.40—41.

[17] Pere Gimferrer, *Lecturas de Octavio Paz* (Barcelona, 1980), p.23.

[18] Poniatowksa, *Octavio Paz*, p.46.

[19] In Alfredo Roggiano, ed., *Octavio Paz* (Madrid, 1979), pp.111—24.

[20] Octavio Paz, *Piedra de sol* (Mexico City, 1957).

[21] The Aztec calendar or sunstone is now housed in the Museum of Anthropology, Mexico City. Its precise significance is still a matter of considerable debate.

[22] Born in Rome in 1926, Bona Tibertelli De Pisis was the niece of the 'Pittura Metafisica'-style artist Filippo De Pisis. She took up painting during the Second World War, met the French writer André Pieyre de Mandiargues during a trip to Paris, and married him in 1950. As well as her paintings, drawings and 'soft-art' pieces, she wrote a short novel, La Cafarde, autobiographical fragments under the title Bonaventure, and a memoir of her childhood in pre-war Italy, Vivre en herbe. She died in the year 2000.

[23] Octavio Paz, *Libertad bajo palabra* (Mexico City, 1960).

[24] Octavio Paz, 'Los pasos contados', Camp de l'arpa, revista de literatura, no. 74 ([Barcelona] April 1980) p.62.

[25] Octavio Paz and Pere Gimferrer, *Memorias y palabras* (Barcelona, 1999), Letter 46, pp.80—83.

[26] Sheridan, *Poeta con paisaje*, pp.464—6.

[27] Ibid., p.470.

[28] Octavio Paz, *Salamandra* (1958—1961) (Mexico City, 1962).

[29] Octavio Paz and Julián Ríos, *Solo a dos voces* (Barcelona, 1973), p.53.

[30] Wilson, *Octavio Paz*, p.99.

[31] Claire Céa, *Octavio Paz* (Paris, 1965), pp.82—3. A further sign of Paz's growing international recognition was the award from Belgium in 1964 of that country's Grand Prix International de Poésie, all the more appreciated by Paz because previous winners included Jorge Guillén and

Giuseppe Ungaretti.

[32]   Quoted in Sheridan, *Poeta con paisaje*, p.481.

[33]   Julián Ríos and Octavio Paz, *Solo a dos voces* (Barcelona, 1973), p.54. In the 1980s the two men disagreed sharply over the Sandinista Revolution in Nicaragua, which Paz condemned but Cortázar supported.

[34]   John Cage, *A Year From Monday* (London, 1968), p.69. The title of Cage's essays also comes from a meeting with Paz, as the American writer explains in the foreword: 'It was a Saturday; there were six of us having dinner in a restaurant on the Hudson north of Newburgh; we arranged to meet in Mexico … three had been in Mexico and were delighted at the prospect of returning; one was born there but hadn't been there for five years; his wife, whom he married in India, like me has never been there', p.x.

[35]   Octavio Paz, *Ladera este* (1962—1968) (Mexico City, 1969).

[36]   Octavio Paz, *Cuadrivio* (Mexico City, 1965).

[37]   Octavio Paz, *Blanco* (Mexico City, 1967).

[38]   Ríos and Paz, *Solo a dos voces*, p.53.

[39]   Enrico Mario Santí, *Archivo blanco* (Mexico City, 1995), pp.147—8, 151—2.

[40]   Octavio Paz, *Collected Poems, 1957—1987* (Manchester, 1988), p.210.

[41]   See Nicholas Caistor, Mexico City, *a Cultural and Literary Companion* (Oxford, 2000), pp.131—8.

[42]   Sheridan, *Poeta con paisaje*, pp.485—95.

[43]   See Pere Gimferrer, *Octavio Paz, memorias y palabras* (Barcelona, 1999), pp.29—30.

[44]   Recent documents show that the two women may have been paid by the Mexican government to make these declarations against him. See Carlos Landeros, *Yo, Elena Garro* (Mexico City, 2007), pp.73—111.

[45]   Octavio Paz, *Posdata* (Mexico City, 1970). The book was an immediate

bestseller, and by 1980 fourteen editions of it had appeared in Mexico.

第五章 将一切都带回家, 1969—1990

[1] Quoted in Enrique Krauze, *La presidencia imperial* (Barcelona, 1997), p.381.

[2] Octavio Paz, *Los hijos del limo* (Barcelona, 1974).

[3] Octavio Paz, *El mono gramático* (Barcelona, 1974).

[4] English version, translated by Helen Lane, published by Peter Owen (London, 1989). The page references are to this edition.

[5] Octavio Paz, *The Monkey Grammarian* (London, 1989), p.50.

[6] Paz, *Monkey Grammarian*, pp.110—11.

[7] Octavio Paz, *Discos visuales* (Mexico City, 1968).

[8] Octavio Paz, *Topoemas* (Mexico City, 1971).

[9] Octavio Paz (with Jacques Roubaud, Edoardo Sanguinetti, and Charles Tomlinson), *Renga* (Mexico City, 1972).

[10] Octavio Paz and Charles Tomlinson, *Airborn/Hijos del aire* (Mexico City, 1981).

[11] Quoted in Enrique Krauze, *La presidencia imperial*, p.404.

[12] Paz's insistence on this score led to a distancing from novelist Carlos Fuentes, whom he had known since the 1950s. Fuentes was convinced that President Echeverría's wishes to 'modernize' the revolution were sincere, and threw his weight behind the system. In 1975 he followed the same diplomatic path as Paz, when he was appointed ambassador in Paris on the personal recommendation of the president.

[13] Quoted in Antonio Ruy Sánchez, *Una introducción a Octavio Paz* (Mexico City, 1990), p.105.

[14] Octavio Paz, *Traducción: literatura y literalidad* (Barcelona, 1971).

[15] Paz, *Los hijos del limo*.

[16] José Quiroga, *Understanding Octavio Paz* (Columbia, sc, 1999), p.107.

[17] Octavio Paz, *Pasado en claro* (Mexico City, 1975).

[18] Mexican tv programme, *Itinerario*, 1989.

[19] Octavio Paz, *Collected Poems, 1957—1987* (Manchester, 1988), p.432.

[20] Octavio Paz, *Vuelta* (Barcelona, 1976).

[21] For a measured discussion of the figure of Paz as a liberal intellectual in these years, see Armando González Torres, *Las guerras culturales de Octavio Paz* (Puebla, 2002). Perhaps the most interesting book criticizing Paz's position is Jorge Aguilar Mora, *La divina pareja: Historia y mito en Octavio Paz* (Mexico City, 1978).

[22] Octavio Paz, *El ogro filantrópico: historia y política 1971—1978* (Mexico City, 1979).

[23] Octavio Paz, *Poemas* (1935—1975) (Barcelona, 1979).

[24] Octavio Paz, *Sor Juana Inés de la Cruz o las trampas de la fe* (Barcelona, 1982).

[25] Cf. Pedro Serrano, 'La torre y el caracol', *Fractal*, 6 (Autumn 1997).

[26] Quoted in Georgina Sabat de Rivers, 'Octavio Paz ante Sor Juana Inés de la Cruz', *Modern Language Notes*, c/2 (March 1985), pp.417—23.

[27] Ibid.

[28] See Torres, *Las guerras culturales de Octavio Paz*, p.108.

[29] Octavio Paz, *Tiempo nublado* (Barcelona, 1983).

[30] Enrique Krauze, *Travesía liberal* (Mexico City, 2003)

[31] Octavio Paz, *México en la obra de Octavio Paz* (Mexico City, 1987), 3 vols.

[32] Pere Gimferrer, *Octavio Paz, memorias y palabras* (Barcelona, 1999), p.324.

[33] Octavio Paz, *Árbol adentro* (Barcelona, 1987).

[34] Octavio Paz, *Peque.a crónica de grandes días* (Mexico City, 1990).

[35] Octavio Paz, *La otra voz: poesía y fin de siglo* (Barcelona, 1990).

第六章 燃尽火焰，1990—1998

[1] Octavio Paz, *In Search of the Present: Nobel Lecture*. Available at http: // www.nobel.se/literature/laureates/1990/paz-lecture.html.

[2] Octavio Paz, *La llama doble, Amor y erotismo* (Madrid, 1993).

[3] Octavio Paz, *The Double Flame* (London, 1995), p.ix.

[4] Paz, *The Double Flame*, p.113.

[5] Octavio Paz, *Vislumbres de la India* (Barcelona, 1995).

[6] Lawrence Saez, 'Octavio Paz 1914—1998', *Journal of Asian Studies*, lvii/4 (November 1998), pp.1241—3.

[7] Octavio Paz, *Itinerario* (Barcelona, 1994), translated into English as *Itinerary* (London, 1999). The quotations are from the English edition.

[8] Octavio Paz, 'Chiapas: nudo ciego o tabla de salvación', *La Jornada* (23—24 January 1994).

[9] Armando González Torres, *Las guerras culturales de Octavio Paz* (Puebla, 2002), p.133.

[10] Ilan Stavans, 'Of Arms and the Essayist', *Transition*, lx (1993), pp.102—17.

[11] Octavio Paz, 'Respuesta y reconciliación (Diálogo con Francisco de Quevedo)', *Vuelta*, cclix (June 1998), pp.6—9.

部分参考书目

Poetry Collections in Spanish

Luna silvestre (Mexico City: Fábula, 1933)

¡No pasarán! (Mexico City: Simbad, 1936)

Raíz del hombre (Mexico City: Simbad, 1937)

Bajo tu clara sombra y otros poemas sobre España (Valencia: Ediciones Espa.
   olas, 1937)

Entre la piedra y la flor (Mexico City: Nueva Voz, 1941)

A la orilla del mundo (Mexico City: ars, 1942)

Libertad bajo palabra (Mexico City: Fondo de Cultura Económica, 1949)

Semillas para un himno (Mexico City: Fondo de Cultura Económica, 1954)

Piedra de sol (Mexico City: Fondo de Cultura Económica, 1957)

La estación violenta (Mexico City: Fondo de Cultura Económica, 1958)

Salamandra (1958—1961) (Mexico City: Joaquín Mortiz, 1962)

Viento entero (Delhi: The Caxton Press, 1965)

Blanco (Mexico City: Joaquín Mortiz, 1967)

Discos visuales (Mexico City: Ediciones era, 1968)

Ladera este (1962—1968) (Mexico City: Joaquín Mortiz, 1969)

La centena (1935—1968) (Barcelona: Barral, 1969)

Topoemas (Mexico City: Ediciones era, 1971)

Renga (Mexico City: Joaquín Mortiz, 1972) Collective poem with Jacques
Roubaud, Edoardo Sanguinetti and Charles Tomlinson)
Pasado en claro (Mexico City: Fondo de Cultura Económica, 1975)
Vuelta (Barcelona: Seix Barral, 1976)
Hijos del aire/Airborn. Con Charles Tomlinson (Mexico City: Martín Pescador,
1979)
Poemas (1935—1975) (Barcelona: Seix Barral, 1979)
Árbol adentro (1976—1987) (Barcelona: Seix Barral, 1987)
Lo mejor de Octavio Paz. El fuego de cada día. Selection, prologue and notes
by the author (Barcelona: Seix Barral, 1989)

Prose Poetry in Spanish

¿Águila o sol? (Mexico City: Fondo de Cultura Económica, 1951)
El mono gramático (Barcelona: Seix Barral, 1974)

Theatre

La hija de Rappaccini (México) in *Revista Mexicana de Literatura, 7*
(September–October 1956), and in *Poemas* (1979)

Essays

El laberinto de la soledad (Mexico City: Cuadernos Americanos, 1950); (2nd
edn, Fondo de Cultura Económica, 1959)
El arco y la lira (Mexico City: Fondo de Cultura Económica, 1956)
Las peras del olmo (Mexico City: unam, 1957)
Cuadrivio (Mexico City: Joaquín Mortiz, 1965)
Los signos en rotación (Buenos Aires: Sur, 1965)
Puertas al campo (Mexico City: unam, 1966)
Claude Lévi-Strauss o el nuevo festín de Esopo (Mexico City: Joaquín Mortiz,
1967)

Corriente alterna (Mexico City: Siglo xxi, 1967)

Marcel Duchamp o el castillo de la pureza (Mexico City: Ediciones era, 1968); later included in *Apariencia desnuda; la obra de Marcel Duchamp* (Mexico City: Ediciones era 1973)

Conjunciones y disyunciones (Mexico City: Joaquín Mortiz, 1969)

México: la última década (Austin: Institute of Latin American Studies, University of Texas, 1969)

Posdata (Mexico City: Siglo xxi, 1970)

Las cosas en su sitio: sobre la literatura espa.ola del siglo xx. With Juan Marichal (Mexico City: Finisterre, 1971)

Los signos en rotación y otros ensayos. Introduced by Carlos Fuentes (Madrid: Alianza Editorial, 1971)

Traducción: literatura y literalidad (Barcelona: Tusquets Editores, 1971)

El signo y el garabato (Mexico City: Joaquín Mortiz, 1973)

Solo a dos voces. With Julián Rios (Barcelona: Lumen, 1973)

Teatro de signos/Transparencias. Edited by Julián Rios (Madrid: Fundamentos, 1974)

La búsqueda del comienzo (Madrid: Fundamentos, 1974)

Los hijos del limo: del romanticismo a la vanguardia (Barcelona: Seix Barral, 1974)

Xavier Villaurrutia en persona y en obra (Mexico City: Fondo de Cultura Económica, 1978)

El ogro filantrópico: historia y política (1971—1978) (Mexico City: Joaquín Mortiz, 1979)

In/mediaciones (Barcelona: Seix Barral, 1979)

México en la obra de Octavio Paz. Edited and with an Introduction by Luis Mario Schneider (Mexico City: Promociones Editoriales Mexicanas, 1979)

Sor Juana Inés de la Cruz o las trampas de la fe (Mexico City: Fondo de Cultura Económica 1982; Barcelona: Seix Barral, 1982)

Tiempo nublado (Barcelona: Seix Barral, 1983)

Sombras de obras (Barcelona: Seix Barral, 1983)

Hombres en su siglo y otros ensayos (Barcelona: Seix Barral, 1984)

Pasión crítica: conversaciones con Octavio Paz. Edited by Hugo J. Verani
(Barcelona: Seix Barral, 1985)

México en la obra de Octavio Paz, 3 volúmes:

    i. El peregrino en su patria. Historia y política de México.

    ii. Generaciones y semblanzas. Escritores y letras de México.

    iii. Los privilegios de la vista. Arte de México.

    Edited by Luis Mario Schneider and Octavio Paz (Mexico City: Fondo de
Cultura Económica, 1987)

Primeras Letras (1931—1943). Edited and Introduced by Enrico Mario Santi
(Barcelona: Seix Barral, 1988, and Mexico City: Vuelta, 1988)

Poesía, mito, revolución. With speeches by Fran.ois Mitterrand, Alain
Peyrefitte, Pierre Godefroy. Alexis de Tocqueville Prize (Mexico City:
Vuelta, 1989)

La otra voz. Poesía y fin de siglo (Barcelona: Seix Barral, 1990)

Anthologies and Collections edited by Paz

Anthologie de la poésie mexicaine. Edited with an introduction by Octavio Paz,
with a note by Paul Claudel (Paris: Editions Nagel [Col. unesco], 1952)

Anthology of Mexican Poetry. Edited with an introduction by Octavio Paz
with a note by C. M. Bowra, and English translation by Samuel Beckett
(Bloomington, in, 1958)

Basho, Matsuo. Sendas de Oku. Translated by Eikichi Hayashiya and Octavio
Paz, with an introduction by Octavio Paz (México: unam, 1957, and Seix
Barral, 1970)

Laurel: Antología de la poesía moderna en lengua española. Edited by Xavier
Villaurrutia, Emilio Prados, Juan Gil-Albert and Octavio Paz (Mexico City:

Editorial Séneca, 1941)

Pessoa, Fernando. Edited, translated and with an introduction by Octavio Paz (Mexico City: unam, 1962)

Poesía en movimiento (México: 1915—1966). Edited by Octavio Paz, Alí Chumacero, Homero Aridjis and José Emilio Pacheco (Mexico City: Siglo xxi, 1966)

Versiones y diversiones. Poetry translations (Mexico City: Joaquín Mortiz, 1974)

Paz also compiled and edited his complete works in 14 volumes: *Obras completas* (Barcelona: Círculo de Lectores, 1992)

Works by Octavio Paz in English

Selected Poems of Octavio Paz: A Bilingual Edition, trans. Muriel Rukeyser (Bloomington, in, 1963)

The Other Mexico (New York, 1972)

Alternating Current (New York, 1973)

The Bow and the Lyre: (El arco y la lira), the Poem, the Poetic Revelation, Poetry and History, trans. Ruth L. C. Simms (Austin, tx, 1973)

Early Poems, 1935—1955, trans. from the Spanish by Muriel Rukeyser and other poets (Bloomington, in, 1974)

The Siren & the Seashell and Other Essays on Poets and Poetry, trans. Lysander Kemp and Margaret Sayers Peden (Austin, tx, 1976)

Marcel Duchamp: Appearance Stripped Bare, trans. Rachel Phillips and Donald Gardner (New York, 1978)

The Monkey Grammarian, trans. from the Spanish by Helen R. Lane (New York, 1981)

Selected Poems, ed. *Eliot Weinberger*; trans. from the Spanish by G. Aroul et al. (New York, 1984)

The Labyrinth of Solitude: Life and Thought in Mexiko, trans. Lysander Kemp

(Harmondsworth, 1985)

One Earth, Four or Five Worlds: Reflections on Contemporary History, trans. Helen R. Lane (New York, 1985)

On Poets and Others, trans. Michael Schmidt (New York, 1986)

Sor Juana or, The Traps of Faith, trans. Margaret Sayers Peden (Cambridge, MA, 1988)

The Collected Poems: 1957—1987, ed. and trans. Eliot Weinberger; with additional translations by Elizabeth Bishop (Manchester, 1988)

¿Águila o sol?: Eagle or Sun?, trans. from the Spanish by Eliot Weinberger (London, 1990)

Convergences : Essays on Art and Literature, trans. from the Spanish by Helen R. Lane (London, 1990)

The Other Voice: Essays on Modern Poetry, trans. from the Spanish by Helen R. Lane (New York, 1991)

In Search of the Present: Nobel Lecture, 1990 (San Diego, 1991)

The Double Flame: Essays on Love and Eroticism, trans. from the Spanish by Helen Lane (London, 1996)

In Light of India: Essays, trans. from the Spanish by Eliot Weinberger (New York, 1997)

Itinerary, trans. with notes and an afterword by Jason Wilson (London, 1999)

Versiones y diversiones. Bilingual edition (Barcelona: Galaxia Gutenberg; Círculo de Lectores, 2000)

The most complete bibliography of Paz's work is Hugo J. Verani, *Bibliografía crítica de Octavio Paz, 1931—1996* (Mexico City: El Colegio Nacional, 1997)

Books wholly or partly about Octavio Paz

Aguilar Mora, Jorge, *La divina pareja: Historia y mito en Octavio Paz* (Mexico City, 1978)

Bloom, Harold, ed., *Octavio Paz* (Philadelphia, 2002)

Brotherston, Gordon, *Latin American Poetry, Origins and Presence* (Cambridge, 1975)

Céa, Claire, *Octavio Paz – 'Poetes d'aujourd'hui no. 126'* (Paris, 1965)

Chiles, Francis, *Octavio Paz: The Mythic Dimension* (New York, 1987)

Cuadernos Hispanoamericanos, nos. 343—5 (January–March 1979), Homenaje a Octavio Paz

Díaz, Susana *(Per)versiones y convergencias* (Madrid, 2005)

Feinstein, Adam, *Pablo Neruda: A Passion for Life* (London, 2004)

Garro, Elena, *Memorias de Espa.a 1937* (Mexico City, 1992)

Gimferrer, Pere, *Lecturas de Octavio Paz* (Barcelona, 1980)

——, Octavio Paz, *memorias y palabras* (Barcelona, 1999)

González Rojo, Enrique, *Cuando el rey se hace cortesano: Octavio Paz y el salinismo* (Mexico, 1990)

González Torres, Armando, *Las guerras culturales de Octavio Paz* (Mexico City, 2002)

Gradiva, 6—7 ([París] February 1975). Homage to Octavio Paz

Grenier, Yvon, *From Art to Politics: Octavio Paz and the Pursuit of Freedom* (Mexico City, Boulder, co, and Oxford, 2001)

Guibert, Rita, *Seven Voices: Seven Latin American Writers Talk to Rita Guibert* (New York, 1973)

Hamburger, Michael, *The Truth of Poetry* (London, 1969)

Ivask, Ivar, *The Perpetual Present: The Poetry and Prose of Octavio Paz* (Norman, ok, 1973)

Krauze, Enrique, *Travesía liberal* (Mexico City, 2003)

Landeros, Carlos, Yo, *Elena Garro* (Mexico City, 2007)

Magis, Carlos, *La poesía hermética de Octavio Paz* (Mexico City, 1978)

Medina, Rubén, *Autor, autoridad y autorización: Escritura y poética de Octavio Paz* (Mexico City, 1999)

Orfila, Arnaldo, *Cartas cruzadas* (Mexico City, 2005)

Peralta, Braulio, *El poeta en su tierra: diálogos con Octavio Paz* (Mexico City, 1996)

Phillips, Rachel, *The Poetic Modes of Octavio Paz* (Oxford, 1972)

Polizzotti, Mark, *Revolution of the Mind: The Life of André Breton* (New York, 1995)

Poniatowska, Elena, *Las palabras del árbol* (Barcelona, 1998)

Quiroga, José, *Understanding Octavio Paz* (Columbia, SC, 1999)

Ríos, Julián and Octavio Paz, *Solo a dos voces* (Barcelona, 1973)

Rodríguez Ledesma, *Xavier, El pensamiento político de Octavio Paz* (Mexico City, 1996)

Ruy Sánchez, *Alberto, Una introducción a Octavio Paz* (Mexico City, 1990)

Santí, Enrico Mario, *Primeras letras* (1931—43) (Barcelona, 1988),

——, *El acto de las palabras: Estudios y diálogos con Octavio Paz* (Mexico City, 1999)

Sheridan, Guillermo, *Poeta con paisaje: Ensayos sobre la vida de Octavio Paz* (Mexico City, 2004)

Stanton, Anthony, *Correspondencia Alfonso Reyes/Octavio Paz* (1939—1959) (Mexico City, 1998)

Wilson, Jason, *Octavio Paz: A Study of his Poetics* (Cambridge, 1979)

——, *Octavio Paz* (Boston, MA, 1986)

Xirau, Ramón, *Octavio Paz: El sentido de la palabra* (Mexico City, 1970)

Zaid, *Gabriel, De los libros al poder* (Mexico City, 1998)

著作权合同登记号　图字：01-2008-4802

图书在版编目（CIP）数据

帕斯／（英）凯斯特（Caistor, N.）著；徐立钱译．—北京：北京大学出版社，2013.9
ISBN 978-7-301-21820-4

I. ①帕… II. ①凯… ②徐… III. ①帕斯, O.（1914～1998）－评传
IV. ① K837.315.6

中国版本图书馆 CIP 数据核字（2012）第 304755 号

Octavio Paz by Nick Caistor was first published by Reaktion Books, London, 2007 in the Critical
Lives series

Copyright © Nick Caistor

Simplified Chinese edition copyright © 2013 by Peking University Press.

本书中文简体字翻译版由 REAKTION 出版公司授权北京大学出版社独家出版发行。

书　　　名：帕斯
著作责任者：[英] 尼克·凯斯特 著　徐立钱 译
责 任 编 辑：张善鹏 姜　贞
标 准 书 号：ISBN 978-7-301-21820-4/I·2574
出 版 发 行：北京大学出版社
地　　　址：北京市海淀区成府路 205 号　　100871
网　　　址：http://www.pup.cn　新浪官方微博:@北京大学出版社 @培文图书
电 子 信 箱：pw@pup.pku.edu.cn
电　　　话：邮购部 62752015　发行部 62750672　编辑部 62750883
　　　　　　出版部 62754962
印　刷　者：北京楠萍印刷有限公司
经　销　者：新华书店
　　　　　　880 毫米×1230 毫米　　A5　5.25 印张　105 千字
　　　　　　2013 年 9 月第 1 版　　2013 年 9 月第 1 次印刷
定　　　价：28.00 元